走向深度学习的

高中物理实验教学

周世平　黄瑞花　著

上海教育出版社
SHANGHAI EDUCATIONAL
PUBLISHING HOUSE

图书在版编目（CIP）数据

走向深度学习的高中物理实验教学 / 周世平，黄瑞
花著. — 上海：上海教育出版社，2023.9
ISBN 978-7-5720-2291-3

Ⅰ.①走… Ⅱ.①周…②黄… Ⅲ.①中学物理课 –
实验 – 教学研究 – 高中 Ⅳ.①G633.72

中国国家版本馆CIP数据核字(2023)第175423号

责任编辑　李　祥
特约编辑　徐青莲
封面设计　周　吉

走向深度学习的高中物理实验教学
周世平　黄瑞花　著

出版发行　上海教育出版社有限公司
官　　网　www.seph.com.cn
地　　址　上海市闵行区号景路159弄C座
邮　　编　201101
印　　刷　上海普顺印刷包装有限公司
开　　本　700×1000　1/16　印张 12.75
字　　数　220 千字
版　　次　2023年10月第1版
印　　次　2023年10月第1次印刷
书　　号　ISBN 978-7-5720-2291-3/G·2030
定　　价　60.00 元

如发现质量问题，读者可向本社调换　电话：021-64373213

序 言

物理学是一门以实验为基础的科学,物理实验不仅是学生建构物理学科核心概念的手段,更是提升科学思维、科学探究、科学态度与责任的重要途径。《普通高中物理课程标准(2017年版2020年修订)》中也加强了物理实验内容,特别强调物理实验和科学实践的重要性。作为一线物理教师更需要充分把握学生的经验范围、认知基础,精巧设计实验,找准认知冲突,在互动、对话和广泛联系中发现意义、建构知识,充分发挥实验教学的育人价值。

对于实验,我们不能仅停留在"看上去很美",而应更多地让教师和学生一起在亲自动手实践中"创造实验美"。2002年9月,美国 *Physics World*(《物理世界》)杂志刊登了由美国学者对物理学家及杂志读者调查统计出的"最美物理实验",排名前十的实验包括了中学生熟悉的"伽利略的自由落体实验""牛顿的三棱镜分光实验""伽利略的斜面运动实验""傅科的钟摆实验""卡文迪什扭秤实验"等。这些实验有什么特点,美在哪里?你会发现,这些实验所用的器材大多比较简单,在生活中容易获取或制作,所涉及的操作也不复杂,并不需要很多人合作完成,但它们却给人们留下了深刻的印象,对物理学发展产生了深远影响。它们往往设计巧妙、现象特别,简单中蕴藏着深刻,能引导你思考现象背后的本质,吸引你亲自动手实践,让你在此过程中真切感悟到实验的设计之巧、现象之奇、思维之妙、规律之深刻。这启发我们,要让学生真正喜欢实验,不仅需要让他们在亲身实践中感受实验的魅力,更重要的是将实验融入持久的"深度学习"过程,让他们体会实验的价值和魅力。这需要教师为学生精心设计"以探究为中心"的学习之旅。学生围绕某一单元或专题,以实验为出发点,通过深度参与的对话建构、自主实验、展示评价等活动,全方位促进学科核心素养发展。

奉贤中学大力推进物理学科教室建设,物理组在周世平组长带领下,优化实验教学环境,改进实验教学方式,基于科学素养培养,建构与实施适合学生学情和教材要求的实验课程。"物理学科教室环境育人"课题获 2022 年上海市优秀教学成果二等奖。为解决探究教学中学生被动、浅层、不充分等问题,物理组探索形成了以单元为载体的"三探"活动设计框架,即以"主动初探、互动建构、迁移应用"为特征,以成果创作为导向的持续探究,力求激发学生的探究主动性、思维深刻性、成果创新性等。

本书围绕如何在深度学习的框架下,针对以往实验教学中存在的种种问题,通过创新设计与实践,让学生真正喜欢上实验,主动去研究实验,进而体会实验之美妙。在此过程中,实现用实验促进高阶思维、形成物理观念、养成科学态度等目标。

走向深度学习,基础是重构实验环境。这不仅增加了实验的丰富性、可行性和便利性,而且增强了学科文化的吸引力,提供了沉浸式学习环境。从学生的发展需求出发,书中提出了基于"学科专用教室"的实验环境设计方案,基于单元或项目需求配置资源工具,制订灵活开放的管理制度,充分保障实验教学的有效开展。

走向深度学习,核心是"以探究为中心"的实验教学活动。书中创造性地提出了"三探"活动设计框架,突破了原有的课时限制、空间束缚、器材局限,让学生在一段时间内能围绕一个主题多角度、持续、深入和充分地开展理论与实验探究,并形成可展示的学习成果。

走向深度学习,关键是激发学生开展自主实验。书中不仅归纳了基于"三探"需求的各类自主实验设计思路,而且基于课标主题选编了不少在实践中有用的自主实验设计方案,为广大物理教师开展实验教学提供便利。

走向深度学习,离不开以素养为中心的评价引导。书中较全面地界定了实验素养的内涵和评价指标,并针对不同类型的实验活动,提出了针对性评价方法,案例也展现了各种评价方法的设计思路。

开展深度学习并非易事,绝非引导学生做几个实验那么简单。深度学习最重要的是能吸引学生持久、全身心地投入科学探究的过程。这次他们将前期探索的成果汇集成书,欣以为序,向大家推荐!相信本书对高中物理老师在推进实验教学变革中一定有所帮助和启迪。

林春辉

2023 年 9 月

目　录

第一章
高中物理实验教学困境：被动与浅层学习

《普通高中物理课程标准(2017 年版 2020 年修订)》(以下简称课标)指出：物理基于观察和实验,建构物理模型,应用数学等工具,通过科学推理和论证,形成系统的研究方法和理论体系。观察是有目的、有计划、有方向、比较持久的知觉。它是以视觉为主,融其他感觉于一体的综合感知,是知觉的一种高级形式。观察中包含着积极的思维活动,它是人们认识世界、获取知识的一个重要途径,也是科学研究的一种重要方法。一切科学实验,都建立在周密、精确、系统的观察基础之上。实验是科学研究的基本方法之一,它根据研究目的,尽可能地排除外界影响,突出主要因素,并利用一些专业的仪器设备,人为地改变、控制或模拟研究对象,使某些事物(或过程)发生或再现,从而认识现象、发现规律。显然,观察和实验是物理学科发展的基础,也是培育物理学科核心素养的源头活水。

课标除了规定学生必做的 21 个学生实验外,在正文"内容要求"栏目的文本中出现 37 次"通过实验",这要求相关内容的学习必须通过教师演示或学生实验组织开展。实验承载着独特的探究功能及育人价值。一方面,科学实验使学生掌握必要的实验基本技能,领会实验所蕴含的科学思想和方法,促进与实验相关的科学思维和探究能力的发展;另一方面,实验最适合培育严谨、细致、求真、质疑等科学态度和精神以及相关的社会责任感。实验教学在物理教学中具有极为重要的地位,也是我们长期关注和研究的领域。

一、实验教学现状

2019 年 11 月,教育部发布的《关于加强和改进中小学实验教学的意见》,不仅指出了实验教学中普遍存在的问题,如忽视实验教学倾向、实验教学方式缺乏创新、实验教学实施缺乏规范、教师实验教学能力薄弱等,还提出了实验教学的总体要求和八项主要举措。

尽管实验在课标中处于非常重要的地位,但由于种种原因,教师真正实施物理课程时,往往聚焦于知识、技能和方法的获取和训练,采用的主要途径是讲练结合,这就导致实验探究经常处于边缘地位。日常教学过程中,部分教师不愿意花时间和精力去研究和实施课标中的实验要求,因此,学生不仅实际完成的实验数量偏少,而且体验不到实验的独特魅力。有的学校往往用视频替代教材呈现的演示实验,甚至连课标规定的学生必做实验也不能全部落实,更不用说自主活动中的学生实验。学生体会不到实验的意义和价值,感受不到实验设计的严谨和巧妙,不理解实验操作和数据处理的规范要求,更缺乏对实验结果的期待和兴奋。部分同学遇到困难时,会因缺乏指导而无法在课内完成实验,通常也没有后续机会改进完成。久而久之,学生对实验的热情下降,甚至可能对实验产生误解,以为做实验就是按部就班地如流水线一样完成操作。

此外,目前实验的评价方式也比较单一,主要以纸笔测试为主,实验操作考试并没有真正落到实处。同时,实验器材的不足、实验室建设的落后也限制了学生实验的开展。

综上所述,突破日常实验教学困境迫在眉睫。笔者认为,改变实验教学现状首先要引导教师深刻领悟课标理念,更新实验教学观,充分认识到实验对培养学生核心素养的独特价值。其次,学校要建设符合课标要求的实验环境(各类实验室及配套空间),配置足够的实验资源。最后,教师要创新实验教学方式,并确保有足够的课时开展实验教学。

二、实验教学调查

(一)教师调查

2020年,我们在奉贤区高中物理教师中进行了与实验相关的问卷调查,了解他们对实验教学的态度和实验教学的实施现状。我们设计了17个问题,其中涉及态度的有第1、13、14题,涉及教学现状的有第2—8、12、17题,涉及实验环境的有第9、10、11题,涉及实验研究的有第15、16题。

1. 您认为学生动手做实验对培养学生的学科能力、核心素养重要吗？（单选题）

○ 很重要　　　　　○ 比较重要　　　　　○ 一般　　　　　○ 不重要

2. 您经常组织班级学生动手进行实验探究吗？（单选题）

○ 经常　　　　　○ 比较经常　　　　　○ 还可以　　　　　○ 较少

○ 不组织

3. 您平时组织学生进行实验学习的方式主要是哪一种？（单选题）

○ 教师讲授，学生模仿

○ 教师引导，学生探究

○ 让学生自主设计与探究

○ 不怎么组织

4. 您认为在目前的实验教学组织方式下，学生经过实验课后，对实验器材的使用、实验原理和步骤的掌握到位吗？（单选题）

○ 非常到位　　　　　○ 比较到位　　　　　○ 还可以　　　　　○ 一般

○ 不怎么到位

5. 您认为限制您组织学生进行实验探究的主要因素是什么？（多选题）

□ 课时太少

□ 进实验室不那么便捷

□ 器材有限，在教室也只能做演示实验

□ 学生做实验太花时间，效果也不一定好

□ 教师讲授也能实现实验效果

□ 没有限制

6. 您认为现在学生的实验能力如何？（单选题）

○ 很强　　　　　○ 比较强　　　　　○ 一般　　　　　○ 比较弱

○ 非常弱

7. 您认为限制学生进行自主实验探究的因素是什么？（多选题）

□ 学生没有时间，精力不够

□ 教师因为种种原因，组织安排较少或不组织安排

□ 学生动手机会少，自主探究能力不足

□ 学生缺乏促进自主探究的便利环境和条件

□ 学生缺少主动探究的愿望

8. 您认为学生对常用实验器材的使用方法和规范操作了解吗？（单选题）

○ 非常了解,能熟练使用

○ 比较了解,能正常使用

○ 一般了解,就上实验课的时候有机会用,会一些操作,但对于严格的使用方法和操作规范不是很了解

○ 不太了解

9. 您所在学校的物理实验室随时向学生开放吗？（单选题）

○ 是的 　　　　　　○ 不是 　　　　　　○ 不清楚

10. 如果实验室开放,您会鼓励学生利用自己的课余时间去做实验吗？（单选题）

○ 很鼓励,最好在学了新的实验之后或有需要、有想法的时候,尽量去尝试做实验

○ 比较鼓励,但恐怕没有什么空余的时间,建议有时间就赶紧去做

○ 不鼓励,跑去实验室太麻烦

○ 不鼓励,没必要

11. 如果在学科教室或教学区走廊上放置相应学习阶段涉及的物理实验器材(经过教师设计与创新,比较适合同学们平时操作和玩耍),您鼓励自己的学生去做实验吗？（多选题）

○ 很鼓励,这样方便,随时能练习使用实验器材,熟悉各章节涉及的实验原理和方法,促进思考

○ 鼓励,可利用课余时间玩一玩,做一做,熟悉实验器材及原理方法等

○ 不太鼓励,怕耽误学习的时间

○ 不鼓励,没这个必要

12. 您认为学生做好物理实验最主要靠什么？（单选题）

○ 教师讲授

○ 学生对实验器材的了解和掌握程度

○ 学生自身对实验的思考,有较强的思维能力

○ 学生较强的动手操作能力

13. 您怎样看待平时的"学生小组合作,但只做一遍实验"的实验方法？（多选题）

□ 每个人各司所长,能很好地实现培养学生实验能力的目的

□ 大部分同学都会认真做实验,但角色分工不同,每个人能力得到的锻炼有差异

□ 每个人都有机会参与实验,但因为各人的理解能力不同,达不到培养实验能力

的预期效果

　　☐ 会有人不认真做,浪费时间和实验的机会

14. 您认为有提高学生物理实验能力的必要吗?（单选题）

　　○ 很有必要　　　　○ 比较有必要　　　　○ 一般　　　　○ 没什么必要

15. 您认为课本上的学生实验还有深入研究、挖掘和创新的价值吗?（单选题）

　　○ 有　　　　　　　○ 比较有　　　　　　○ 一般　　　　○ 没有

16. 您愿意对学生实验进行深入、广泛的研究、挖掘和创新吗?（单选题）

　　○ 很愿意　　　　　○ 比较愿意　　　　　○ 一般　　　　○ 不愿意

17. 关于学生实验的教学,您还有什么意见和建议?（填空题）

_____

　　我们对区内所有高中物理教师(42 人)发放了调查问卷,回收有效问卷 35 份,占比 83.3％。问卷统计结果表明：对于实验教学对培育学科核心素养的重要性,91.43％的教师表示非常认同,8.57％的教师表示比较认同;仅有 2.86％的教师经常组织学生进行实验探究,28.57％的教师有时组织,大多数教师很少开展实验探究活动,还有两位教师从不组织学生动手做实验。由此可见,虽然大家都认同实验教学的重要性,但缺乏真正的实际行动,知行不一的原因确实值得深思。

　　从实验教学的实施现状看,制约教师组织学生开展实验的最主要因素是"课时太少(91.43％)",其次是"器材有限,在教室里也只能做演示实验(42.86％)",第三是"学生做实验太花时间,效果也不一定好(34.29％)"。限制学生开展实验活动的主要因素有"学生动手机会少,自主探究能力不足(57.14％)""学生缺乏促进自主探究的便利环境和条件(54.29％)"和"学生没有时间,精力不够(51.43％)"。据此,我们要反思：为什么学生没有时间和精力做实验? 动手机会少仅仅是由环境和条件因素造成的吗? 如何提升学生的自主探究能力?

　　在实验环境方面,80％的学校"不随时开放实验室",即使开放实验室,57.14％的教师会"比较鼓励,但恐怕没有什么空余的时间,建议有时间就赶紧去做",这体现了教师的矛盾心态。关于"走廊开放实验",90.29％的教师会很鼓励或鼓励学生去玩一玩、做一做,熟悉器材,促进思考。由此可见,随时可做的开放区实验比较受师生欢迎。

　　在实验研究方面,62.86％的教师认为需要对教材上的学生实验做深入研究,挖掘其中的价值,48.57％的教师很愿意去开展研究,45.71％的教师愿意研究。这反映了教

师想对实验进一步研究的态度,但真正改进和创新的成果还是比较少的。

在实验教学的意见和建议方面,关注最多的是如何让学生有更多的机会开展实验、实验环境和条件的改善、高考评价对实验教学的影响等。

总之,实验教学的现状令人担忧,学生实验能力薄弱已经成为普遍现象。反思其中的原因,主要有以下五点。第一,教师包括所在学校,在一定程度上存在忽视实验教学的倾向,组织学生开展实验探究的热情不高。即使是课标规定的实验,也由于种种原因没有开齐、开足。第二,教师对提升学生实验能力持较消极态度,对实验教学的功能和价值存在偏见,表现为重结果、轻过程,重训练、轻思维等。第三,教师开展实验教学的限制因素较多,如时间、空间、器材、技术等。第四,实验教学缺乏吸引力,和真实生活情境缺乏联系。第五,部分教师不善于利用技术开展实验。通过进一步文献检索可知,上述现象已存在多年且比较普遍。

(二) 课堂观察

课标对科学探究的定义是,"基于观察和实验提出物理问题、形成猜想和假设、设计实验与制订方案、获取和处理信息、基于证据得出结论并作出解释,以及对科学探究过程和结果进行交流、评估、反思的能力;主要包括问题、证据、解释、交流等要素"。其中,"设计实验与制订方案、获取和处理信息"表明,实验是证据搜集的重要途径,是科学探究不可或缺的组成部分。因此,实验教学是探究教学的重要组成部分。

有研究者发现,在实验教学中,科学探究过于重视教学结果,学生的探究学习水平较低,教师习惯采用传统模式开展教学,教学评价体系不够完善,也存在"重形式、轻实质"的假探究。这些课堂单纯地对已知规律验证和对指定步骤重复,缺少科学思想的传递、科学方法的渗透和科学思维的设计。

为此,我们进行了大量的课堂视频观察,了解课堂中科学探究的现状。视频来源于"优秀课例评选"活动,是经学校推荐的全区初高中物理教师近期课堂实录。

为了分析课堂中的科学探究活动,我们依据学业质量标准涉及的科学探究要素及表现水平设计了科学探究观察表(表1-1)。观察表将科学探究四要素,即问题、证据、解释、交流,分别划分了四级表现水平,这样不仅体现了科学探究的内涵要求,也落实了学业质量水平的评价导向。

表 1‐1　科学探究观察表

科学探究	问　题	证　据	解　释	交　流
水平 1	具有问题意识	能在他人指导下使用简单的器材收集数据	能对数据进行初步整理	具有与他人交流成果、讨论问题的意识
水平 2	能观察物理现象，提出物理问题	能根据已有的科学探究方案，使用基本的器材获得数据	能对数据进行整理，得到初步的结论	能撰写简单的报告，陈述科学探究的过程和结果
水平 3	能分析物理现象，提出可探究的物理问题，作出初步的假设	能在他人帮助下制订科学探究方案，使用基本的器材获得数据	能分析数据，发现特点，形成结论，尝试用已有的物理知识进行解释	能撰写实验报告，用学过的物理术语、图表等交流科学探究的过程和结果
水平 4	能分析相关事实或结论，提出并准确表述可探究的物理问题，作出有依据的假设	能制订科学探究方案，选用合适的器材获得数据	能分析数据，发现其中的规律，形成合理的结论，用已有的物理知识进行解释	能撰写完整的实验报告，对科学探究过程和结果进行交流、反思

　　表 1‐2 呈现了对 40 节课分析的结果，其中 85％的教学视频中将探究活动作为主要教学策略，这表明大家总体上认同探究教学。但在这些探究活动中，科学探究各要素的总体表现水平较低，大部分集中在水平 1，部分达到水平 2，极少数达到水平 3，几乎没有达到水平 4 的。

表 1‐2　科学探究活动分析结果

科学探究	问　题	证　据	解　释	交　流
水平 1	26 节(76％)	23 节(68％)	23 节(68％)	27 节(79％)
水平 2	8 节(24％)	9 节(26％)	9 节(26％)	6 节(18％)
水平 3	0	1 节(3％)	2 节(6％)	1 节(3％)
水平 4	0	1 节(3％)	0	0

基于上述数据,发现目前的探究活动存在以下问题:

第一,在大多数科学探究活动中,学生很少主动提问,即使偶尔有问题,质量也不高。一方面,教师引导和提供给学生提问的机会很少,似乎不太愿意让学生提出开放性的问题。另一方面,学生的提问意识和提问能力较弱,大多数学生似乎只愿当配角,仅个别学生能提出有质量的问题。

第二,学生搜集证据的机会较少,即使有,通过实验搜集的证据也不充分。一方面,教学设计不合理,一节课安排的内容太多,教师自然不愿花时间让学生通过实验搜集数据,所以更多的是教师演示、学生观看。另一方面,即使是有搜集证据的过程,学生也多缺乏科学思维的驱动,机械操作较多。

第三,多数学生缺乏解释和交流的机会,更缺乏运用证据的意识和批判思维的能力。一方面,教师在课上创设的解释和交流环节不多,浅层问答较多,且通常体现为聚合思维,导致学生的创新思维较少,同学之间的交流则更少。另一方面,学生的科学表达能力欠缺,常出现推理论证不规范、不完整、缺乏逻辑等问题。因此,在课堂活动中很少能看到学生的精彩表现,如思维碰撞、严密论证等。

三、实验教学困境剖析

为何会出现上述问题?探究活动可看作是教师、学生和活动环境三个要素之间的相互作用,我们可以对三个要素进行剖析,分析找出其中的原因。

首先,教师缺乏课程意识和学生立场。课标要求"引导学生经历科学探究过程,体会科学研究方法,养成科学思维习惯,增强创新意识和实践能力"。显然,这需要基于学生立场设计活动。教师应该是探究活动的设计者、组织者、指导者,并在必要时提供脚手架,学生应该成为活动的主体。但实际情况中,学生往往只是被动、机械地参与活动,缺乏互动、展示的机会。

其次,探究活动与学生经验割裂。如果探究活动很少关注和利用学生的既有经验,或学生缺乏课前体验,则课堂探究往往停留在浅层。很多时候教师是基于自身经验预设学生状况,往往脱离学生的真实生活经验,也无法替代学生的切身体验。例如,在"牛顿定律应用——超重和失重"课上,很多教师从航天员在空间站的活动切入并提出问题"航天员为什么会飘浮"。显然,学生并没有相关经验基础,缺乏对航天员运动状态的认知,这个问题不利于学生从原有知识结构中建构新的概念和开展后续探究。

　　最后,探究活动局限在"一节课",缺乏单元意识。探究过程不仅要经历提出问题、猜想假设、设计方案、搜集证据、数据分析、得出结论、解释交流等环节,而且其中某些环节还存在迭代循环。一节课能完成的探究活动,往往针对的是简单且结构良好的问题。真正的探究应该是通过真实情境挖掘有意义的问题,利用课堂内外的正式或非正式学习环境,基于学生经验开展持续的对话、实践及建构活动,而这绝非一节课的时间能够完成。因此,应以单元为载体,由浅入深地开展探究活动,并结构化地嵌入各类实验活动。

　　总之,目前实验教学中的探究活动在一定程度上存在被动、浅层、模式化、经验割裂等问题,需要教师转变观念,把握探究规律,创新探究活动设计等,进一步提升实验教学的质量。

第二章

高中物理实验教学破解：
走向深度学习

要解决实验教学中学生被动、思维浅层等问题，必须以学生为中心，充分满足学生动手实验的需求，引导学生经历真正的科学探究过程，让学生感受实验探究的魅力。这需要教师带领学生由浅入深，逐步走向深度学习。深度学习不仅有丰富的理论内涵，而且包含各学科行之有效的实践模式。为此，我们要理解深度学习与学科核心素养、科学探究、实验教学之间的关系。

一、破解困境的密钥

陈静静结合自身实践和美国教育研究会提出的"深度学习在领域维度和能力维度的兼容性框架"，建构了深度学习螺旋桨模型，给我们提供了一个清晰的思路。该模型的核心目标是"自主创造"，在认知领域主要表现为深度理解与掌握、高阶思维和问题解决；在动机和情感领域主要表现为全身心投入、忘我状态和自控策略；在人际领域主要表现为自我接纳、有效沟通和协同合作，如图 2-1 所示。深度学习促进三个领域持续发展，如同"旋转的螺旋桨"，有力推动学生在"自主创造"道路上持续前进。

"探究"是 1996 年美国《国家科学教育标准》提出的核心概念，指向学生发展的重要能力和科学教学的核心方法，并被定义为"科学家研究自然界并在证据基础上建构解释的各种方式"。2011 年 7 月，美国国家研究理事会发布的《K-12 年级科学教育框架：实践、跨学科概念和核心概念》中，首位关键词从"探究"（inquiry），变成了"实践"（practices）。这并不意味探究不重要了，而是回归探究的本意。究其原因，其一，探究模式化和教条化现状亟须改变；其二，课堂探究的内涵亟须拓展。"科学实践"中的"实践"，相比我们通常理解的"实践出真知"中的"实践"，所包含的概念内涵更丰富。它不仅包括客观物质性的"动手"，也包括蕴含大量创造性思维和科学理性的"动脑"与"动口（笔）"。

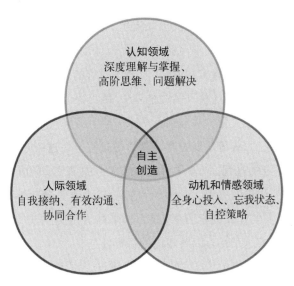

图 2-1　深度学习螺旋桨模型

科学探究始终是我国高中物理课程标准的重要组成部分。《普通高中物理课程标准(2003 年版)》将科学探究作为内容标准，并提出探究的七要素。《普通高中物理课程标准(2017 年版)》则将科学探究提升为学科核心素养之一，并体现在课程目标、内容要求和学业质量水平中。《普通高中物理课程标准(2017 年版 2020 年修订)》第一次提出了"学业质量"的概念，并根据问题情境的复杂程度、知识和技能的结构化程度、思维方式或价值观念的综合程度等，将科学探究划分为五级表现水平，描述了不同学习水平对应的学习结果。这是教师指导学生开展探究活动、进行命题和评价的重要依据。

由此可见，指向科学探究的深度学习是破解实验教学困境的必经之路。

2013 年，教育部基础教育课程教材发展中心开发深度学习教学改进项目；2017年，项目组发布了深度学习的理论框架、实践模型和学科教学指南，其中很多案例都指向科学探究活动。

二、深度学习的概念

20 世纪 50 年代中期，瑞典哥德堡大学的费伦斯·马顿(Ference Marton)和罗杰·萨尔乔(Roger Saljo)发现了学生处理信息方式的差异，并开展了一系列对学习过程的实验研究。1976 年，他们在《学习的本质区别：结果和过程》一文中将学习者分为深度水平加工者和浅层水平加工者,首次提出并阐述了深度学习概念。

国内的黎加厚最早介绍深度学习的概念,提出深度学习是指学习者在理解的基础上,能够批判地学习新思想和事实,并将它们融入原有的认知结构中;能够在众多思想间进行联系,并将已有的知识迁移到新的情境中,做出决策和解决问题。

郭华对深度学习的定义是:"在教师引领下,学生围绕具有挑战性的学习主题,全身心积极参与、体验成功、获得发展的有意义学习过程。在这个过程中,学生掌握学科的核心知识、理解学习的过程、把握学科的本质及思想方法,形成积极的内在学习动机、高级的社会情感、积极的态度、正确的价值观,成为既具独立性、批判性、创造性又有合作精神、基础扎实的优秀的学习者,成为未来社会历史实践的主人。"这个定义给我们描述了深度学习的过程特点以及相应的目标任务。

付亦宁则是将深度学习的内涵划分为五个维度。深度学习是以内在学习需求为动力,以理解性学习为基础;运用高阶思维批判性地学习新的思想和事实;能够在知识之间进行整体性联通,将它们融入原有的认知体系进行建构;能够在不同的情境中创造性地解决问题;能够运用元认知策略对学习进行调控,并达到专家学习程度的学习。

由此可见,深度学习的目标与学科核心素养的内涵基本一致,包含学科核心价值观、关键能力和必备品格的统一。在此,我们可以对物理学科的深度学习下一个定义:在教师的指导和组织下,以单元核心内容为主题,在全程评价引导下,通过设计学生感兴趣的驱动性问题和挑战性任务,引导学生全身心投入到持续的理论与实践探究活动,并通过交流、评价和反思,形成可公开的学习成果,从而实现单元知识结构的建构,促进物理观念形成,提升高阶思维、问题解决和人际交往等能力,培育科学态度,提升社会责任感等。显然,深度学习的过程就是学科核心素养的发展路径。

三、实验教学与深度学习

如何开展深度学习?联合国教科文组织提出了科学教育的"实践取向",即强调实验体现育人情境的多功能性,将学习的身体过程、认知过程、情意过程、社会过程有机统一,充分支持学生的主动探索和创造性解决问题能力的培养。现实中,许多教师以"讲"实验和"看"实验的方式开展实验教学,即使让学生"做"实验,也仅关注实验操作的规范性和结果的准确性,忽视了实验对学生科学思维、情感态度、综合能力提升等方面的价值。因此,观察和实验等实践活动可看作是物理学科开展深度学习的突破口。

实验教学是实践性教学的一种组织形式。实验教学体系是由实验教学框架、教学内容、教学目标、教学方法、教学过程和教学结果评价等组成的统一整体。

对物理学科而言，科学探究既是学科核心素养之一，也是物理学习的核心活动之一。物理实验是科学探究必不可少的组成部分，是科学探究中搜集证据的主要方式，也是综合实践活动的重要形式。此外，科学探究还包括其他学习方式，如有意义地接受学习、自我导向的学习、体验学习、技能训练等。

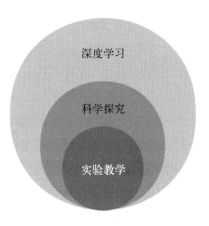

因此，深度学习、科学探究、实验教学是本书的核心概念，三者之间存在包含与被包含的关系，如图 2-2 所示。就物理学科而言，我们要以深度学习的视角看待科学探究，以科学探究的思维开展实验教学，在实验教学中体现深度学习的内涵和特征。

图 2-2　深度学习、科学探究、实验教学三者之间的关系

四、实验教学中的深度学习

如何在实验教学中开展深度学习？我们的思路是，将实验教学融入单元探究教学，使单元探究教学指向主题深度学习，从而使最终目标始终指向学生学科核心素养的发展。因此，实验教学改革的关键是将实验融入促进深度学习的探究活动中。

首先，探究活动的设计要体现深度学习的五个特征：①"联想与结构"关注经验和知识的相互转化；②"活动与体验"反映学生开展深度学习的机制；③"本质与变式"要求对学习对象进行深度加工；④"迁移与应用"要求在教学活动中模拟社会实践；⑤"价值与评价"反映"人"成长的隐性要素。开展实验教学至少在激活经验、增强体验、建构知识、实践应用等方面具有特定功能和价值，这也是实验教学设计的基本思路。

其次，探究活动的设计要体现深度学习的实践模型特征。由深度学习实践模型（图 2-3）可知，深度学习以素养导向的学习目标为出发点和归宿点。在开放性学习环境中，教师选择引领性主题，设计挑战性任务或活动，在反思性教学改进和持续性学习评价的引导下，帮助学生完成挑战性任务或活动，达成素养目标。

在此基础上，结合物理学科和实验活动特征，我们建构了以深度学习为导向，基于实验的探究活动实践模型，如图 2-4 所示。

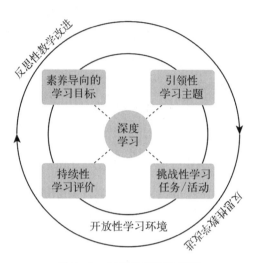

图 2‑3　深度学习实践模型

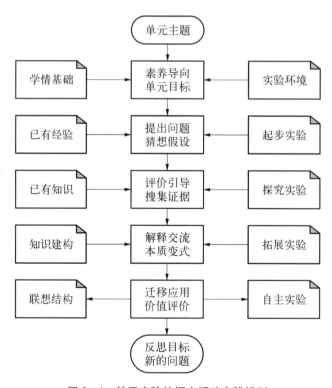

图 2‑4　基于实验的探究活动实践模型

　　最后，促进深度学习的实验教学，要求我们突破原有的实验教学体系，构建一个行之有效、指向深度学习的新实验教学体系（图 2-5）。新体系立足课程标准和学生基础，在实验素养综合评价的引导下，教师对实验课程进行整体开发与实施，包括基于主题的实验教学和基于项目的实验探究。前者针对必修和选择性必修课程，后者适用于选修课程，组织学生多视角开展以探究为导向的实验活动。其中，实验素养的综合评价指向学科核心素养，体现深度学习的过程和结果。

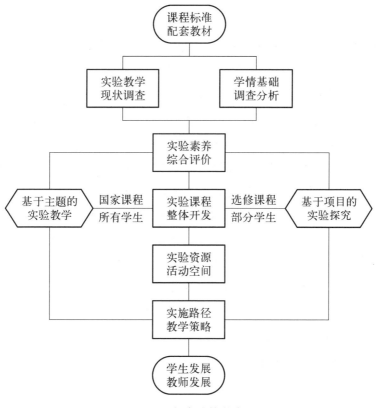

图 2-5　新实验教学体系

第三章

促进深度学习的资源环境

深度学习是以学生为中心的学习模式,需要以学生能力和探究需求为出发点的实验环境,并能匹配课标提出的内容及学业要求,指向实验素养的提升。

实验教学包含四个相互关联的组成部分:实验资源、实验环境、实验活动和实验素养评价。实验素养评价始终贯穿和引导其他三个组成部分。实验资源是实验环境的重要组成部分,但实验环境不局限于此,它还包括空间环境、心理环境等。实验课程最终要通过实验活动实施,所以实验活动的设计与实施是提升实验素养的关键。

实验资源包括三类实验(演示实验、学生必做实验、学生自主实验)的整体设计与开发,这是实验教学的基础。从学生学习的需求出发,实验环境包含三类场景:物理学科专用教室、家庭实验环境、除学校和家庭之外的其他实验活动空间。物理学科专用教室是对话建构的主要活动空间,家庭实验环境是学生开展自主实验的主要活动空间,除学校和家庭之外的其他实验活动空间,如各类场馆、野外场景等,是对前两类场景的有益补充。实验活动以科学探究为导向,以深度学习为特征,通过"主动初探""对话建构""迁移生成"等环节的循环迭代,促进学生素养提升。

通过确立实验素养的评价指标,对学生在三类实验中的表现进行评价。用过程和结果评价,引导和激励学生沿着科学方向开展实验探究。

一、促进深度学习的实验资源

(一) 实验资源开发

我们从深度学习的需求出发,构建了实验资源建设框架(图 3-1)。框架分为两大类,第一类,针对必修与选择性必修课程的单元主题开发实验资源,是为了满足所有学生对实验的基本需求;第二类,针对选修课程的项目研究开发实验资源,是为了满足部

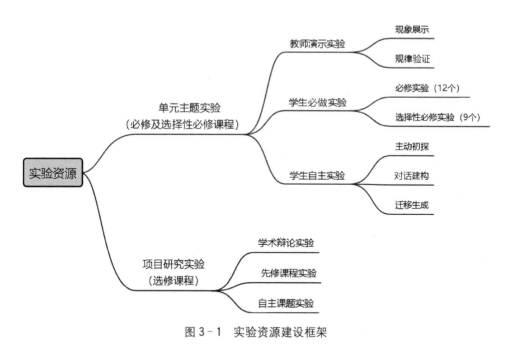

图 3-1 实验资源建设框架

分学生的个性化发展需求。

（二）单元主题实验

我们以单元（章）为对象，结合课标、教材及学生认知需求，梳理、开发相关的三类实验活动，构建单元主题实验资源，为深度探究奠定基础。

教师演示实验，是根据课标要求，结合教材，由教师单独或以教师为主的师生合作完成的实验，常用于展示现象、规律验证、问题解决等，学生在其中的主要任务是观察现象和思考问题，并没有操作方面的要求。学生必做实验，主要是指课标要求学生必须完成的 21 个实验，通常两人一组合作完成，并完成相关的实验报告。学生必做实验要求学生明确实验目的，理解设计原理及器材使用，掌握实验操作技能，学会数据处理，归纳实验结论，最后通过解释交流，对实验误差有一个初步分析。学生自主实验，在教师指导下主要由学生在课外自主完成，包括与主题相关的体验观察、测量、验证、应用、制作等实验类型。三类实验资源围绕单元主题的探究过程，相辅相成，逐层深入。

单元主题实验如何开发？首先，我们要明确单元内容对应的课标要求。其次，要研究教材中涉及的情境功能。最后，要充分挖掘学生的探究需求。结合三者，我们需要广泛搜集相关的实验资源。通常优先考虑学生必做实验资源，然后再考虑教师演示实验资源和学生自主实验资源。

　　以必修二(上科版)"第七章　机械能守恒定律"为例,介绍单元主题实验资源的开发策略。

　　表 3-1 呈现了我们关于"第七章　机械能守恒定律"开发的实验资源,供学生选择使用。其中,学生必做实验必须完成,自主实验至少完成两个,其成果作为实验素养的评价依据。

表 3-1　单元主题实验资源设计案例

内　容	课标要求	实验名称	资　源	功能
第一节　功	2.1.1　理解功和功率。了解生产生活中常见机械的功率大小及其意义。	自主实验:探究桔槔	教材 P.51	激发兴趣
第二节　功率		自主实验:估测你登楼的功率	教材 P.62	概念建构
第三节　动能　动能定理	2.1.2　理解动能和动能定理。能用动能定理解释生产生活中的现象。	自主实验:探究滑梯中的安全规则		迁移应用
第四节　重力势能	2.1.3　理解重力势能,知道重力势能的变化与重力做功的关系。定性了解弹性势能。	自主实验:探究重力势能与哪些因素有关	教材 P.69	概念建构
第五节　机械能守恒定律	2.1.4　通过实验,验证机械能守恒定律。理解机械能守恒定律,体会守恒观念对认识物理规律的重要性。能用机械能守恒定律分析生产生活中的有关问题。	演示实验:"碰鼻"实验	教材 P.76	激发兴趣
		学生必做实验:验证机械能守恒定律	教材 P.89、90	规律理解
		自主实验:能实现动能回收的薯片桶		迁移应用

　　教材中提到了古代的提水工具——桔槔,恰巧浙江省诸暨市的赵家镇至今仍在使用这一古老的提水工具,且于 2015 年被列入世界灌溉工程遗产名录。这是一个很好的载体,为此我们设计了有关桔槔的探究活动,其中的制作类实验作为整个单元的起步实验,有助于提升学生兴趣,体现初高中衔接。从我国的登高习俗到热门的健身运动项目登楼,我们结合相关数据,要求学生"估测你登楼的功率",帮助学生理解机械功

率。"探究滑梯中的安全规则"落实日常娱乐中的安全教育,且通过设计实验证明规则的科学依据,也是非常有意义的。"探究重力势能与哪些因素有关"来自教材的自主实验,体现控制变量法的应用,难度不高,适合学生自主探究。"'碰鼻'实验",学生自己做有一定危险性,所以适合在教师指导下开展,巧妙的设计能够激发学生对能量转化规律的探究兴趣。"验证机械能守恒定律"是课标规定的学生必做实验,要求学生分小组,在课堂上完成实验操作,并撰写完整的实验报告。为此,我们提供了实验报告框架,引导学生完成报告。在没有提示的情况下,"能实现动能回收的薯片桶"是有一定挑战性的自主实验,教师可以通过逐步提示实验器材,引导学生迁移应用所学概念和规律。

概括起来,要基于课标和教材,依据学生开展单元科学探究的需求,兼顾实验的可行性、趣味性、意义和价值,整合开发丰富的实验资源。

(三) 项目研究实验

项目研究实验作为实验教学体系的一部分,通常与选修课程相配套,也可以与必修教材的学期活动相配套。目前,我们有三门选修课程:学术辩论课程、大学先修课程、日常现象与物理建模。

1. 学术辩论课程

该课程以历届"国际青年物理学家锦标赛"的开放题为研究项目,开展相应的理论与实验研究,并组织辩论比赛活动。

【案例】典型辩论课题

(1) Circling Magnets 旋转磁铁

Button magnets with different diameters are attached to each end of a cylindrical battery. When placed on an aluminium foil the object starts to circle. Investigate how the motion depends on relevant parameters.

把直径不同的组扣磁铁贴附到圆柱形电池的两端。将其放置到铝箔上后,组扣磁铁和电池一起开始旋转。探究相关参数如何影响该运动。

(2) Fuses 保险丝

A short length of wire can act as an electrical fuse. Determine how various parameters affect the time taken for the fuse to "blow".

一根短电线可以充当保险丝。试确定各参数是如何影响保险丝"熔断"所需时间的。

2. 大学先修课程

该课程针对的是部分对物理实验特别感兴趣的学生,内容选自大学普通物理的部分学生实验,包括相应的理论学习、实验操作技能训练及实验报告撰写。每位学生须完成若干感兴趣的大学先修课程实验,并进行误差分析研究。课程学习优秀的学生还有机会参加上海市青少年物理实验竞赛。

【案例】大学先修课程内容

(1) 实验误差和数据处理

(2) 弯曲法测杨氏模量及应用

(3) 非线性元件伏安特性的测量

(4) 温度传感器温度特性的测量

(5) 光敏传感器光电特性测量

(6) 研究直流和分压电路的原理及应用

……

3. 日常现象与物理建模

该课程针对日常生活中的各种现象,通过多角度的观察和反思,发现其中存在的问题,开展物理建模和实验探究。该课程要求学生能够解释现象,解决问题,以满足自己的探究需求。

【案例】生活中的运动研究

利用手机中的传感器,配合相应的 App,可以探究生活中的各种运动。例如,用手机探究自由落体运动、电梯中的超重和失重现象、单摆的周期规律、振动规律等。此外,利用 Tracker 软件,分析运动视频中物体的运动变化特征,也可以大大提升学生对生活现象的分析解释能力。

三门选修课程是为那些对物理感兴趣且能力强的学生开设的,并为他们提供实验环境及资源,指导他们完成项目研究,满足学生的个性化需求。

二、促进深度学习的实验环境

(一) 学科专用教室

为促进深度学习,我们创建了"基于学科专用教室的物理学习环境",其核心是实验教学环境。经多年研究和努力,我们创建了"以学生为中心,以学科专用教室为载体,具有'课程引领、文化浸润、资源丰富、技术先进、互动友好'等特征于一体的物理学习环境",实现了从"通用"走向"专用"、从"共性"转向兼顾"个性"、从"知识传授"转向"意义建构和综合实践",从而弥补了"通用教室+单纯实验室"的不足。

1. 学习环境的理论基础和设计框架

基于"学习环境"的教学隐喻,教师的角色要更多地转向学习环境设计。

(1)学习环境基本理念

基于不同视角,学习环境要体现"以学习者为中心""以知识为中心""以评价为中心""以共同体为中心"四者的一致与平衡。四者的关系透视图如图 3-2 所示,这是我们构建学习环境的出发点和归宿。课标中提出的五条基本理念也符合学习环境透视图的要求。

(2)环境设计框架

学习环境设计通常围绕四个基本构件:境脉、工具、资源和脚手架。境脉类似阅读时的"上下文",可简单理解为情境加脉络,代表了引导或导向学习的全部问题和任务。工具包含了各类

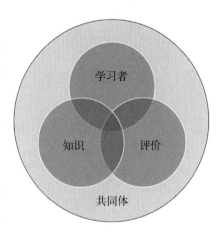

图 3-2 学习环境透视图

技术,如探究技术、展示技术、互动技术等。资源主要指课程实施相关的条件,如空间、情境、媒体、案例、专家等。脚手架指在学生需要时提供的支持性条件。其中,实验是四个基本构件的主要载体。

2. 学习环境与课程、活动、目标之间的关系

"课程""环境""活动""目标"与其对应的内容要素,从概念范畴上具有同心圆的关系,如图 3-3 所示。由图可知,这种关系一方面体现了学习环境与其他要素之间的结构关系,另一方面也体现了学习环境在课程与教学中的重要地位,它是课程内容与学习活动之间的桥梁。如果没有学习环境的支撑,很多学习活动就无法达成预期效果,也就很难达成课程目标。因此,在课程引领下,我们要创建物理学科专用的学习环境,为活动开展提供支持。

3. 学科专用教室

基于课程要求及学生发展需求,我们系统规划和设计物理专用学习空间。目前学

图 3-3 课程、环境、活动、目标之间的关系

校已经建成七个多功能物理学科专用教室及配套设施,大致分为四类学习空间:学科文化展示、主题学习空间、项目研究空间、配套辅助空间,如图 3-4 所示。这里既有满足所有学生必修和选择性必修课程学习需求的主题学习空间;也有满足部分学生在学科方面个性化发展需求的项目研究空间,并开发了相应的选修项目。此外,还特别注重学科文化氛围的营造(学科文化展示)及配套辅助空间的建设。

学科专用教室群为开展实验探究提供了良好的学习环境,同时制定了灵活的实验室开放和管理制度。它允许学生利用自主活动时间进行多次实验,弥补课堂实验不足的缺憾,也鼓励学生开展个性化实验探究,参与实验类选修课程学习,并提供项目展示和交流的平台。

(1)学科文化展示

学科文化是激励学生进行学科学习的深层动力。我们构建了"物理文化"与"学习

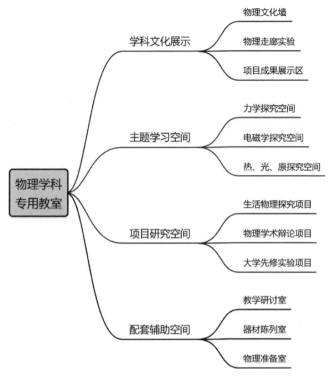

图 3-4　物理学科专用教室分类

实践共同体文化",主要经验是将"物理文化"融入"专用空间、课程要素、活动过程"中,表现为可见的设施文化与内隐的精神文化。

设施文化主要包括物理文化墙、物理走廊实验、项目成果展示区等内容。物理文化墙(图 3-5)主要用于体现学科主题,吸引学生的注意力。例如,通过选取若干典型情境和最新成就,凸显物理学科的内容特征,让学生感受物理学改变世界的力量。

图 3-5　物理文化墙

物理走廊实验是在走廊的墙上设计十几个可互动体验、典型、有趣的实验装置(图3-6),并配以问题和说明,让学生可以随时、反复地探究和思考,以启迪思维。

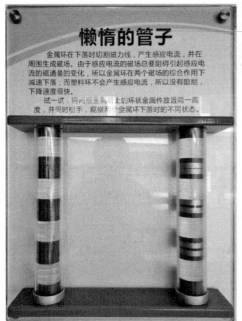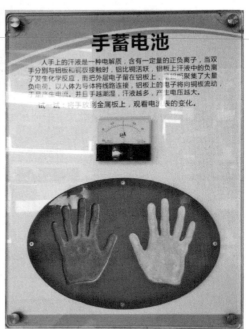

图3-6 物理走廊实验(部分)

项目成果展示区用于展示学科教室的历史成就,构建优秀学生的榜样群,展现科学探究的典型案例(作品)等,如图3-7所示,以激励一届届学生不断攀登科学探究高峰。

内隐的精神文化包含在师生的活动中。为了充分体现以学生为中心的设计理念,我们构建了开放、友好的空间环境,并根据需求及时更新器材,鼓励学生利用实验器材进行个性化探究。在项目学习过程中,通过导师跟踪指导,主动营造"求真、创新、互助、合作"的探究氛围,并及时提供脚手架,打造学习与实践共同体,激发学生投身科学的志趣,让学生浸润在学科文化的氛围之中。

(2) 主题学习空间

主题学习空间包括若干指向不同内容的单元探究空间(专用教室),定位于满足所有学生必修与选择性必修课程的学习需求。除了实验以外,主题学习空间可以开展所有类型的学习活动。

图 3-7 项目成果展示区(部分)

它通常围绕某一主题设计学习环境,体现鲜明的主题特色。每个教室配置相关主题的便携式实验箱(图 3-8),可以创设相关情境,营造专题探究氛围,有利于激发学生的探究兴趣,开展专题探究活动。

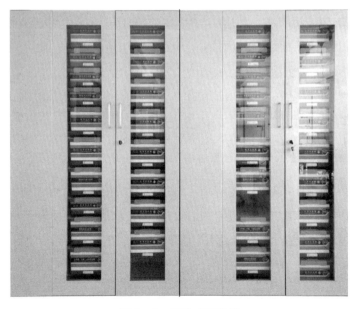

图 3-8 便携式实验箱

（3）项目研究空间

该空间定位于满足学生选修课程的学习需求。目前已建成"运动研究项目""学术辩论项目""先修实验项目"等专用学习空间,配置高速摄像机、各类数字化传感器、压力拉力测试平台、小型风洞实验平台、小型光学测试平台、流体流场试验台、3D 打印机、电动加工、互动辩论平台、学科图书柜等设施。

（4）配套辅助空间

配套辅助空间是确保各类学习活动正常开展的基础,设置"器材陈列室""物理准备室"以及供教师使用的"教学研讨室"。一方面,根据教学计划,实验员与教师合作,利用配套辅助空间有序准备各类活动所需的课程环境资源;另一方面,配套辅助空间也是教师合作探讨和开发创新实验的主要区域,配备所需的各类器材及工具资源。

（二）家庭实验环境

新冠疫情期间,为了组织学生开展各类实验活动,我们尝试引导学生构建"家庭实验环境"。我们设计了一些在家就能完成的实验,引导学生利用身边物品进行实验,如手机及相关 App(如 Phyphox 等)、计算机及相关的软件(如 Tracker 等)、常用测量工具(如卷尺、多用表、厨房秤、温度计等)、常用家用电器(电视机、微波炉、电磁炉、电冰箱、电吹风、收音机等)以及生活中其他常用物品。

例如,对于"用单摆测重力加速度"学生实验,我们要求学生用生活物品建构单摆模型,用手机中的传感器测量摆动周期,进而估算出当地的重力加速度。又如"探究超重、失重现象"实验,我们要求学生利用厨房秤在电梯中完成探究。还有"探究红外线电磁波"实验,我们引导学生检测遥控器发出的红外线,包括它的发射角、反射能力、穿透能力等。

（三）其他实验环境

除了学校和家庭外,我们还鼓励学生走出去,在其他场所开展实验探究活动。例如在科技馆的探索区,通过一些动手项目开展实验活动。我们还和大学建立合作关系,让学生到大学实验室去参观及动手实验。

第四章

以探究为中心的实验教学

　　深度学习要求学生能持续、全身心地投入指向核心知识且具有实践性和一定挑战性的系列探究活动中，并在交流、评价和反思中，形成可公开展示的学习成果。这要求我们不能仅局限于让学生做规定的实验，而要将不同定位的相关实验进行有机整合，融入单元或主题探究的完整过程中。为此，我们在实践中提出"以探究为中心"的实验教学策略，并提炼出以"主动初探、对话建构、迁移生成"为特征的"三探"活动设计框架及相应的实施、评价策略。

　　基于深度学习视角，"三探"活动设计框架充分展现了深度学习的五个特征：联想与结构、活动与体验、本质与变式、迁移与运用和价值与评价(表 4-1)。

表 4-1　"三探"活动与深度学习的关系

特征	联想与结构	活动与体验	本质与变式	迁移与运用	价值与评价
主动初探	生活经验与学习主题的联结	具身学习经验探究	形成认知冲突激发主动思考	运用原有经验尝试解决新问题	激发兴趣体悟意义
对话建构	实验证据转化为知识结构的拓展和完善	集体实验探究对话解释交流	解决认知冲突把握问题本质实现知识建构	经验扩展构建新经验	生成意义追问价值态度与责任
迁移生成	知识结构转化为具体经验	解释新现象解决新问题创作新作品	知识的条件化、情景化变式	新经验迁移和应用	扩展价值展现态度与责任

一、"三探"活动设计方法

　　"三探"活动设计框架如图 4-1 所示。整个设计框架，以学生为主体，以培育学科

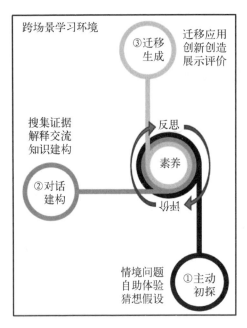

图 4-1 "三探"活动设计框架

核心素养为目标。在跨场景、开放性学习环境的支撑下,围绕单元核心内容,选择有一定挑战性的"探究主题",在过程评价和反思改进的引导下,开展以"主动初探、对话建构、迁移生成"为阶段特征的结构化、持续性探究活动。

第一,主动初探。这是深度学习的启动层,能帮助学生激活经验,获得体验,发现问题。在教师引导下,学生联系自身经验,通过起步实验,就地取材,开展自主探究,并尝试用已有知识解释现象和解决问题,提出自己的猜想和假设。这是对话建构的基础。

此阶段的关键是设计驱动性问题,激发学生提问,并通过学生自主实验,获得探究必需的基础体验,为互动建构、高阶思维作好铺垫。

第二,对话建构。这是深度学习的核心层。佐藤学认为,学习是与客观世界的相遇和对话,是与他人的相遇和对话,也是与自我的相遇和对话。因此"对话"是通向深度学习的必由之路。

为了有效开展对话,我们先要理解学生真实的学习历程,然后才能明白该如何指导、帮助学生学习。学生真实的学习历程一般包括六个阶段,如图 4-2 所示。最初动机通常来自"迷思概念、戏剧冲突、两难困境"等造成的学习困境。这种难以解决的"认知冲突"引发学生探索的冲动。在寻求解决方案过程中,学生不断经历理解、分析、试错、验证、修正、重构等思维活动。学生完成头脑中的思维过程后,需要到他人那里寻求验证或新的解决方案,并通过倾听他人建议,完善自己的方案,从而更好地解决认知冲突,并从中获得学习的成就感和乐趣。

显然,成就感和乐趣是学生沉浸在学习过程中,通过不断持续深化、不断扩展延伸获得的。这就需要相互信任和依赖的课堂氛围、高品质的学习活动、明确的评价标准和丰富的脚手架,而实验在其中扮演着不可或缺的角色。

有了初探的经验和猜想假设,课堂上师生、生生之间就有了对话的基础。通过进

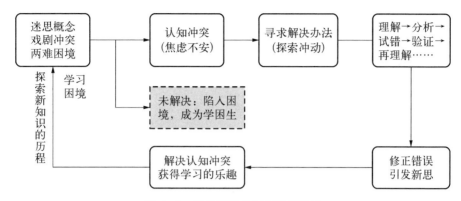

图 4-2 学生真实学习历程示意图

一步的教师演示实验、学生必做实验及互动对话,学生经历"问题—证据—解释—交流"的循环迭代,实现对学习对象的深度加工。在这个过程中,学生不仅完成了知识建构,而且提升了高阶思维能力。

师生实验与理论建构不断相互验证,共同分析和解决问题,从而建立概念及模型,获得知识,形成意义,同时促进科学态度与社会责任感的提升。

第三,迁移生成。这是深度学习的展示层。学生将在对话建构中形成的概念、模型和方法,在新情境中进行迁移、应用和成果创作,并通过个性化展示和评价进一步促进素养要素外显。教师要给予学生充分的学习空间、资源技术支持、个性化指导和展示评价的机会,鼓励学生进行创新、创造。

"三探"活动充分体现了探究活动的中心地位,展现了学习的能动性、实践性、合作性和互动性,始终围绕科学探究四个要素(表 4-2),让学生经历真正有意义的探究过程。

表 4-2 "三探"活动与科学探究的关系

表现水平	"三探"活动	科学探究			
		问 题	证 据	解 释	交 流
低水平到高水平	主动初探	启动情境驱动性问题大胆猜想	就地取材经验探究	基于原有知识的解释和发现	分享经验和发现

续　表

表现水平	"三探"活动	科学探究			
		问　题	证　据	解　释	交　流
	对话建构	实验情境 本质问题 有依据的假设	制订方案 实验探究	基于证据的推理论证	反思探究过程和结果,并和老师、同伴交流评价
	迁移生成	真实情境 实际问题 科学假设	新方案 新实验 新作品	现象解释 问题解决	作品展示、评价和完善

综上所述,在跨场景学习环境的支持下,从最外层基于自身经验的主动探究,到基于对话的实验和理论互动建构,再到展现成果的迁移生成,由外到内层层紧扣,并在反思和评价的驱动下,共同拉动"素养之轮"不断前行。

二、"三探"活动教学策略

如何实施"三探"活动教学? 我们通过一个典型案例展现活动实施策略,并提供一些有用的工具,如学习目标设计表、自主实验活动单、迁移应用任务单等,供其他活动借鉴。

下面以"牛顿运动定律的应用——超重和失重现象"为例,介绍如何实施"三探"活动教学。

(一) 素养导向的目标设计

首先,我们要确定指向学科核心素养的专题学习目标。从课标相关的内容要求和学情切入,结合四个素养维度和表现水平,以学生认知视角进行外显行为的分解和细化描述,确定具体、适切、可测评的学习目标。

例如,课标要求"理解牛顿运动定律,能用牛顿运动定律解释生产生活中的有关现象、解决有关问题"和"通过实验,认识超重和失重现象"。教师须结合具体内容确定学习目标,具体设计如表4-3所示,其中括号对应学业质量水平描述。此表格也可作为目标设计的工具。

表4-3 学习目标的设计

素养维度	表 现 水 平
物理观念	1. 能描述"超重、失重"现象特征,能运用牛顿运动定律解释现象,促进"运动与相互作用观"的进一步发展。(水平2) 2. 能应用超重和失重现象的产生原因,解释生活中相关现象,解决实际问题。(水平3)
科学思维	能从力和运动关系的视角对超重、失重现象进行归纳建模、推理论证,得出现象产生原因。(水平3)
科学探究	能对超重、失重现象构建探究框架,开展实验验证和理论解释,得出现象产生原因。(水平3)
科学态度与责任	1. 感悟科学探究活动是理论与实验的不断互动。(水平2) 2. 产生对超重、失重现象的探究兴趣,并在探究过程中体现严谨细致的科学态度和精神。(水平2) 3. 通过了解超重、失重现象的应用,感悟超重、失重对科学研究、社会生产和人的意义。(水平2)

(二) 参与导向的"主动初探"

吸引学生主动参与探究,是深度学习的第一步。基于学生经验切入主题,设计能激发学生认知冲突的情境和驱动性问题是关键。学生通过实验获得观察体验,并在此基础上提出问题,尝试解释。因此,相关实验应侧重观察与体验。

在开展"牛顿运动定律的应用——超重和失重现象"的探究活动时,我们设计了如下自主实验活动单(表4-4),需要0.5课时创设问题情境,提出探究任务,引导学生利用课外时间进行自主活动。

表4-4 自主实验活动单

问 题 思 考	任 务 要 求	资 源	评 价
1. 哪些动作可以使体重计示数变大? 哪些动作可以让示数减小?	拍摄视频,记录你的动作和示数变化,如"蹲下、起立"过程中示数如何变化。 示数变大举例:_____ 示数变小举例:_____	体重计	真实性(1分) 示数变化(2分) 动作清晰(1分)

问 题 思 考	任 务 要 求	资　源	评　价
2. 人在体重计上保持不动,体重计的示数是否可能变化?	拍摄视频,记录现象及环境特征。是否可以用厨房秤代替体重计,用日常物品模拟人?	体重计或厨房秤、日常物品、电梯	真实性(1分)示数变化(2分)情境完整(1分)
3. 如何用学过的知识解释体重计或厨房秤示数大或变小的原因?	通过示意图、文字、表达式,定性解释示数变化原因。能否搜集证据验证你的解释?		推理科学(2分)证据充分(2分)
4. 查阅资料,上述现象如何定义?(选做)	提供相关定义及出处。	教材、网络等	内容准确(2分)提供出处(1分)
说明:提交电子表格、拍摄视频和现象解释等材料。			总分15分

上述实验设计紧扣"超重和失重"主题,从"问题思考""任务要求""资源""评价"四个维度指导学生开展自主探究。学生通过"问题思考"引发认知冲突,通过实验的"任务要求"(具备一定的开放性,提供自主实验空间)寻找问题解决方案。教师要提供相应的"资源"建议(通常是生活常见物品),必要时还提供其他脚手架。在探究过程中,教师通过简明扼要的评价指标,对探究过程价值取向进行引导。指标不仅针对内容要求,更体现科学精神,有利于科学态度和社会责任感的形成。此外,为了满足不同层次学生的需求,通常还要进行难度分层设计。

(三) 思维导向的"对话建构"

从学生提交的表格和视频可知,大多数学生经"主动初探"后已获得切身体验。他们在初探过程中,会产生困惑,也会提出更多有待解决的问题。此刻学生已经有了对话的需求和基础。这时候,要通过师生对话和进一步实验探究,搜集新证据,不断追问本质和变式讨论,形成高阶思维过程,促进对核心内容的深度理解。由此进入"对话建构"环节,这是探究的核心层,适合在课内开展。"对话"通常围绕"问题、证据、解释、交流"展开,通过理论与实验的迭代交互,完成对核心知识的建构及深刻理解。"对话建构"大致分以下三个环节:初探解释、探究交流、迁移应用。

1. 初探解释

下面是学生进行初探解释的活动片段。

（教师展示学生提交的典型视频。）

教师：通常把体重计的示数称为视重，那么视频中的现象如何分类呢？

学生：可分为两类，视重大于重力和视重小于重力。

教师：我们把前者定义为"超重"，后者定义为"失重"。那么，超重、失重现象产生的原因是什么？如何分析？

小组代表 1：看运动方向，向上则超重，向下则失重。

小组代表 2：可能跟加速度方向有关，向上显示超重，向下显示失重。

……

教师：大家想到了速度、加速度，非常好！根据力和运动的关系，我们可以设计一个分析表，请各小组运用表格分析视频现象。

（小组活动：画图和填写表 4-5）

表 4-5　力和运动分析表

现　　象	超重现象	失重现象
受力特征(受力分析图)		
运动特征(v、a)		
结　　论		

小组代表：超重和失重现象产生的原因与物体的加速度方向有关，与速度方向无关。

教师：如何检验你的分析结果？

学生：通过进一步实验。

案例中，教师在分析学生自主探究成果的基础上，找到了学生认知结构的生长点，并将其作为互动的重点和难点。学生作品往往是最好的教学资源，通过比较、分类、概括、推理等科学思维过程，建构概念，提出新的问题，并形成有依据的假设。这是学业质量水平 4 的要求。

2. 探究交流

下面是开展实验探究的活动片段。

（1）片段 1

教师：实验选择什么情境？要测哪些物理量？

学生1：研究人在体重计上蹲下、站立的过程，记录体重计示数变化，测人的加速度。

学生2：利用电梯的启动和制动过程，记录电梯中人站在体重计上的示数变化，测人的加速度。

教师：哪一个情境更适合做实验？

学生1：人蹲下的过程比较复杂，身体各部分的加速度并不相同。相对而言，电梯中人站着做实验的效果较好。

学生2：在电梯里做实验不方便，而且电梯总会晃动。

教师：很好。人不适合作为研究对象，而且真实电梯的变速时间非常短，测量不太方便。老师做了一个简易模拟电梯，利用绳子和滑轮，让"电梯"在竖直方向上做加速和减速运动。这样可行吗？

学生1：用手操作，很难控制装置做匀加速和匀减速直线运动，会产生误差。

学生2：没关系的，力和加速度传感器测的是瞬时拉力和加速度，只要对应同一个状态分析即可。

教师：力和加速度存在瞬时对应关系。我们试一试吧，看看运动过程中力和加速度的变化曲线有什么特征。（学生尝试＋教师演示。）

教师：根据实验所得数据曲线，能否验证之前的解释？

学生：可以验证，拉力小于正常值的部分，对应加速度向下，属于失重状态；拉力增大的一段对应加速度向上，属于超重状态。

教师追问：如果没有模拟电梯装置，只有一个力传感器、一个加速度传感器、一个钩码，能否进行实验验证？大家可以尝试一下。

（学生分组进行实验尝试，将力传感器和加速度传感器绑在一起作为一个整体，下面挂一个重物，手握传感器向上做先加速后减速的运动，观察两个传感器示数变化的曲线。）

教师：如何解释你的实验方案和测得的数据？

上述活动片段，围绕实验的科学性和可行性进行了对话，引导学生对器材选择、操作过程、数据采集和处理等要素进行批判性思考，促进学生模型建构、推理论证等科学思维的发展，培育科学态度。从教师演示实验到学生自主实验，该探究逐步深入问题本质。在对话过程中，要充分体现学生的主体参与和持续实践，就需要资源丰富且灵活开放的学习环境予以支撑。

（2）片段 2

教师：请同学们再次观察测得的拉力和加速度变化曲线（图 4 - 3），它们的变化有什么特征？

学生：这两根曲线变化的形状几乎相同。

教师：如何解释？如何通过数据分析来验证？

（小组活动：选择状态，读取坐标数据，进行计算，基本符合理论分析结果。）

教师：这样的分析结果，再次证明了牛顿运动定律的普适性与客观性。

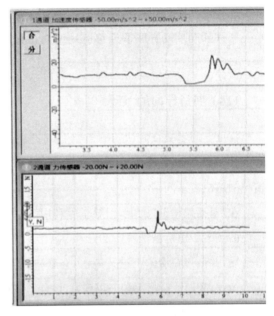

图 4 - 3　实验数据曲线

上述对话展示了实验数据的解释环节，学生的思维要求达到了学业质量水平 3。通常，对超重和失重现象的探究停留在定性阶段，但是由传感器技术获得的变化曲线和定量数据，可以让我们提升探究深度。

3. 迁移应用

实验验证之后，教师抛出了新情境和新问题。

教师：如果绳子断了，让模拟电梯自由下落，力传感器示数如何变化？

学生预测：可能不变，可能减小，可能为零等。

（教师演示。）

教师：观察力和加速度的变化曲线，如何解释？

学生：有一小段时间内细绳拉力为零，重物只受重力作用，做自由落体运动。

教师：这样的现象称为完全失重状态。若一个装满水的瓶子，开口向下，在空中自由下落，里面的水是否会流出来？为什么？

学生预测：不流出来，也可能少量流出来，因为水处于失重状态……

（教师演示。）

教师：看到的现象和你预测的是否相同？如何解释现象？

学生：开始时水出来，但有一小段过程，水几乎不流出来。因为……

教师：若将瓶子向空中抛出，是否会出现相似现象？大家课后去试试。

上述活动片段展现了迁移应用的对话过程。通过迁移应用，引导学生解决新问题，进而评估学生是否真正理解和掌握，促进物理观念形成和高阶思维发展。

（四）创造导向的"迁移生成"

深度学习者要在元认知的指导下，有选择地、批判性地接受新知识信息，主动建构个人知识意义，进而丰富或重建个人知识结构；或者将知识转化为技能，迁移应用到新情境中解决复杂问题。

在"对话建构"基础上，引导学生利用已建构的概念、规律和形成的探究方法，在更广泛的场景中进行新情境下的迁移、应用和创造，开展个性化的问题解决、项目化学习等活动，并最终在课堂上进行展示、交流和评价。

为此，我们针对超重和失重现象，设计了多项自主实验任务表（表4-6），供不同层次学生选择，且最后一项允许学生自定问题。学生可任选一项进行自主探究，一段时间后交流展示和评价。这些任务涉及自主实验、现象解释、问题解决、调查研究等类型，其共同点是在一定新情境或条件下完成，体现开放性和个性选择，这是"物理观念""科学思维""科学探究""社会责任"等方面的外在表现，并通过评价引导促进学生核心素养提升。

表4-6　自主实验任务表

问题思考	任务要求	资　源	评　分
1. 如何利用常见器材设计一个实验，展示超重和失重现象的特征？	实验原理说明，实验过程视频展示。	各类文献、网络视频	
2. 航天员去空间站工作前，要在水中进行模拟训练，分析水中环境和失重环境有何异同点？	提供受力示意图和类比分析过程、结果。	视频：航天员在水中训练	
3. 观看"天宫课堂"测体重视频，请解释其中的测量原理，并设计一个太空测质量的装置，写出使用说明。	① 画出示意图，说明测量原理。② 制作模拟装置，写出使用说明。	视频："天宫课堂"测体重演示	

续　表

问题思考	任务要求	资　源	评　分
4. 自定问题	自定一个你感兴趣的与超重、失重相关的问题,通过探究解决问题,提交成果。		

【评价方法】
每个项目有三个指标,每个指标最高 3 分:"充分体现"得 3 分,"部分体现"得 2 分,"有体现"得 1 分,"没有体现"得 0 分。
1. 真实可行:通过照片、视频、音频、原始数据作为证明你探究过程的证据。
2. 科学完整:能正确运用概念、规律进行理论分析,或能运用科学方法处理实验数据得出结论,或能运用科学方法进行文献研究并提出观点。
3. 意义创新:研究的问题具有实际意义,或研究的内容、方法、结论具有创新价值。

学期结束前,我们请完成任务的学生进行了课堂展示(如以实验、小论文、作品等形式)和互动评价。

针对问题 1,很多同学提交了小实验视频,其中一位同学现场展示了两个小实验。

实验一:将纸条夹在两本厚重的字典之间,把它们放在桌面上,很难抽出纸条。然而,当让两本字典和夹住的纸条从空中下落时,可以在下落过程中轻松抽出纸条。这个现象体现了失重状态下物体之间的受力特征。

实验二:用纸条挂住一串钥匙,静止时纸条没有断裂。但当用力提纸条向上加速时,纸条断裂。断裂的原因是纸条拉着钥匙向上加速运动时,拉力超过它能承受的拉力。

针对问题 2,部分同学提交了有关水中训练的小论文,从理论上探讨航天员在水中训练的基本原理,并进行了自身体验,还做了一个简单的模拟实验。模拟实验探究如何通过浮力配平,让物体的重心和浮心重合,使物体在水中随遇平衡,类似完全失重状态,并研究此时物体的运动状态。

还有同学提出了自己感兴趣的问题,如超重和失重状态下火焰的形状和颜色如何变化,变化的原因是什么,查阅资料后提出自己的猜想假设,并通过实验进行了验证。

实践表明,要达到"迁移生成"的预期效果,需要教师在"对话建构"基础上进行拓展延伸,通过驱动性问题和有一定挑战性的自主实验设计,激发学生产生持久的探究动力和创造潜能。

第五章

以素养为中心的实验评价

深度学习离不开评价引导,否则学生的实验探究可能会偏离方向。评价是指向目标的价值判断,而实验学习的价值可概括为培育学生的实验素养。

一、实验素养及评价方案

(一) 实验素养

所谓实验素养,本书定义为"物理学科核心素养在实验活动中的表现,即开展实验活动所需的关键能力和必备品格"。因此,实验素养可分解为:实验认知(对科学实验的基本原则、主要方法及误差的认识和理解)、实验思维(通过实验解决问题的思维方法,以及实验中运用"物理建模""推理论证""质疑创新"等思维方法)、实验过程(指实验方案设计、操作技能、数据处理、误差分析等)、实验态度与责任(对实验本质的认识,以及在实验过程中展现的科学态度与责任),如图 5-1 所示。

(二) 评价策略

对实验素养的持续性综合评价,能有效引导实验教学,提升学生参与实验的深度和广度,为学生的全面发展奠定基础,这体现了深度学习的要求。为了科学、准确地评价学生的实验素养,构建多元评价方式,我们提出以下三条策略。

(1) 过程性评价和结果性评价并重。在教学过程中将每个学生实验都落实到位,给予学生充分的动手操作和评价机会,力求让学生都能达到课标最低要求。学期末学校组织实验操作考试,并根据实验评分标准进行赋分。

(2) 纸笔测试和操作考试各取所长。纸笔测试有利于对实验认知、实验思维、科学探究要素的考查,操作考试则有利于对动手实践、实际问题解决、数据记录及处理等方

一级指标 二级指标

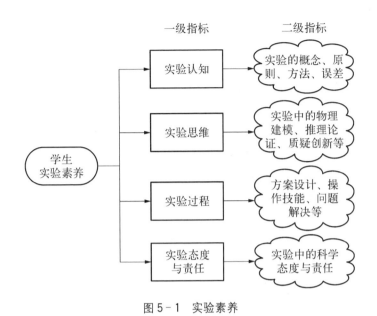

图 5-1 实验素养

面能力的考查。因此,两者结合起来,有利于学生实验素养的提升。

(3)客观性评价和表现性评价兼顾。对于学生自主实验、难度较高的挑战性实验,最适合用表现性评价激励学生,特别适合评价学生的实验态度与责任,如勇于创新、攻坚克难的态度和意志,项目实践活动中的社会责任等。

(三) 评价方法

我们以学期为单位,组织评价学生的实验素养,并作为学生学习素养的重要组成部分纳入学校综合素质评价。针对素养的不同指标,我们采用针对性评价方法,如图 5-2 所示。这些指标相互作用,共同构成一架风车,推动学生实验素养的发展。

我们的实验评价方案如图 5-3 所示。以高一、高二学生为例,一个学期学生必须完成 3~6 个学生实验。学生实验是实验评价的重点,评价内容一般包括实验目的、实验原理、器材选择、实验方法和步骤、实验操作、实验数据记录和处理、实验结论等。在教学中,要求学生撰写

图 5-2 针对性评价方法

实验报告,通过评价量表进行评价,结果纳入过程性评价;在学期末,学校组织学生参加实验操作考试,分组现场评分,并按一定比例计入期末成绩;在期中、期末的纸笔测试中,设计一定比例的实验试题,多角度考查学生对实验的认知水平。

为鼓励学生自主学习,要求学生根据自身兴趣和条件至少完成 2 个自主实验,并提交实验作品。教师组织作品展示和汇报交流,并根据评价量表进行评价。

对实验特别感兴趣的学生,可自主申报一个基于真实问题的实验类研究项目。教师提供一定的实验空间、资源和指导,最终形成一个学科类研究性学习成果。通常假期后提交研究报告,教师依据评价量表进行评价,对于优秀的项目组织展示交流,并纳入学生学科特长认定。

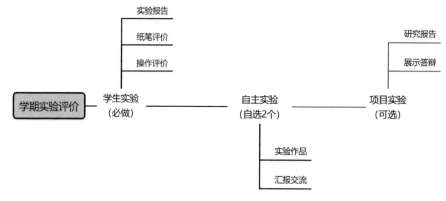

图 5 - 3　实验评价方案

二、纸笔评价

纸笔评价主要以实验试题的方式考核学生的实验认知、实验思维和实验过程等素养。

如何设计实验试题?通常围绕实验的各个环节,结合实验的内容要求进行设计。如图 5-4 所示,可以考核学生是否理解实验的设计原理、思想方法及器材装置,是否掌握关键操作和注意事项,会不会设计数据记录表,能否科学地处理数据并归纳结论,会不会对实验中的误差进行分析等。

下面以"验证机械能守恒定律"实验为例,先后考查学生对实验装置、原理、数据处理、结论、误差分析的理解,以及对实验思维方法的迁移和应用。

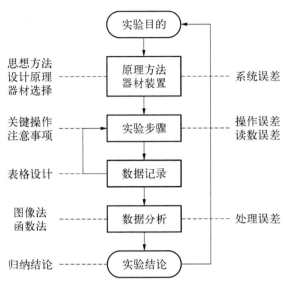

思想方法
设计原理
器材选择

系统误差

关键操作
注意事项

操作误差
读数误差

表格设计

图像法
函数法

处理误差

归纳结论

图 5-4　纸笔评价设计框架

【案例】"验证机械能守恒定律"纸笔测试

1. 用 DIS"验证机械能守恒定律"的实验装置如图 5-5 所示。

（1）本实验利用_____传感器测量摆锤释放后经过各个点的速度,结合各挡光片相对轨道最低点的_____和摆锤质量,可以分析摆锤运动过程中机械能的变化。

（2）将摆锤在 A 点由静止释放,在摆锤摆到最低点的过程中(　　)。

A. 连接杆拉力不做功,合外力不做功

B. 连接杆拉力不做功,合外力做正功

C. 连接杆拉力做正功,合外力不做功

D. 连接杆拉力做正功,合外力做正功

（3）根据实验数据绘制的图像如图 5-6 所示,横轴表示摆锤距离最低点的高度,纵轴表示小球的重力势能 E_p、动能 E_k 和机械能 E。其中表示小球的重力势能 E_p、动能 E_k 的变化图线分别是_____和_____。

（4）根据实验图像,可以得出结论:

_____。

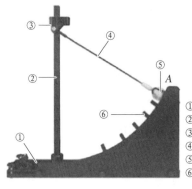

图 5-5

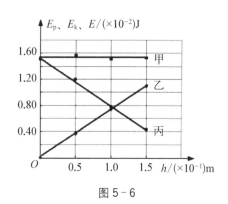

图 5-6

① 底座
② 立柱
③ 固定装置
④ 连接杆
⑤ 摆锤
⑥ 挡光片

2. 某小组设计了如图 5-7(a)所示的装置(已知重力加速度为 g)。

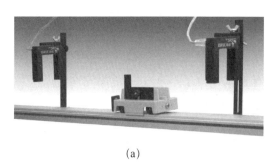

(a)

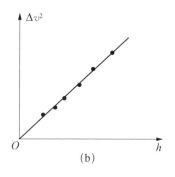

(b)

图 5-7

(1) 以下实验步骤中不必要的是_____(填字母标号)。

A. 将小车从轨道上某处释放,测出小车经过两个传感器的速度 v_1 和 v_2(轨道摩擦可忽略)

B. 在轨道上安装两个传感器,测出它们的高度差 h

C. 连接 DIS 实验线路

D. 测出小车的总质量 m

(2) 多次改变两个传感器之间的距离,测得 h 及其对应的 v_1 和 v_2,取 $\Delta v^2 = v_2^2 - v_1^2$,并作出 $\Delta v^2 - h$ 图像,如图 5-7(b)所示。实验中每次释放小车的位置_____(选填"必须"或"不必")相同,该图线的斜率 $k =$ _____。

3. 某同学设计了如图 5-8(a)所示的装置来研究机械能是否守恒。轻质细线的上端固定在 O 点,下端连接圆柱形的摆锤 P,在摆锤摆动的路径上,固定了四个光电门

A、B、C、D。实验时,分别测出四个光电门传感器到悬点 O 的高度 h。从某一高度释放摆锤,利用光电门传感器测出摆锤经过四个光电门传感器的速度。

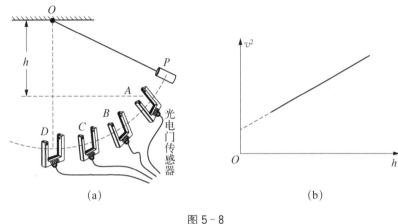

图 5-8

(1) 利用光电门传感器测量速度时,可以测量摆锤的直径作为＿＿＿＿＿。若摆锤直径的测量值比实际值偏小,则摆锤动能的测量值比实际值＿＿＿＿＿＿＿＿＿＿＿＿。

(2) 该同学认为:测得摆锤的质量为 m,可由公式 $E_p = -mgh$ 计算出摆锤在 A、B、C、D 四个位置的重力势能。他这样计算重力势能的依据是＿＿＿＿＿＿＿。

(3) 另一同学在得到摆锤经过四个光电门传感器的速度 v 和光电门传感器距离悬点 O 的高度 h 后,作出如图 5-8(b) 所示的 v^2-h 图线。若摆动过程中机械能守恒,则该直线的斜率为＿＿＿＿＿＿。决定图线与纵轴交点位置的因素有:＿＿＿＿＿＿＿＿

＿＿＿＿＿＿＿＿＿＿＿＿＿＿＿＿＿＿。

4. 图 5-9 是用 DIS 研究机械能守恒定律的实验装置。

(1) (多选) 在实验中测得 C 点处机械能明显偏大的原因可能是(　　)。

A. 光电门传感器放在 C 点偏下位置

B. 摆锤释放前,摆线处于松弛状态

C. 摆锤在运动中受到空气阻力的影响

D. 摆锤释放时,摆锤释放器在 A 位置上方

(2) 在验证了摆锤运动过程机械能守恒后,某同学测量了摆锤下摆过程中各位置的动能 E_k,以及相应的摆线与竖直方向的夹角 θ,得到图 5-10 所示的 E_k-θ 图线。以最低点 D 为零势能点,由图线可得 $\theta = 32°$ 时摆锤的重力势能为＿＿＿＿＿＿ J。若摆锤

质量为 0.007 5 kg,则此摆的摆长为 _____ m(摆长精确到小数点后两位)。(提示:实验中 g 取 9.8 m/s²)

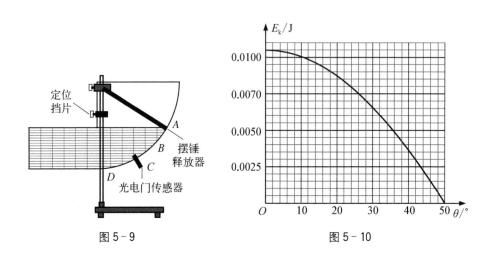

图 5-9　　　　　　　　　　　　　图 5-10

三、操作评价

纸笔测试无法考核学生的动手操作能力,所以还需要对学生的实验操作能力进行考核,简称操作评价,通常由过程性评价和阶段性评价两部分组成。通过基于实验操作的评价量表,引导学生在实验过程中开展自评和互评,提升动手操作能力。同时结合实验报告,检查学生是否达成实验目的。如果发现学生没有达到基本的实验操作要求,要给予必要的指导或帮助,并给学生再次进行实验的机会,直到他们掌握所有的实验操作要领,得到合理的实验结果。

此外,在学期末针对本学期所学学生实验,学校组织学生开展一次实验操作考试。学生在规定的时间内完成实验操作任务,教师根据评分表给学生现场打分。

【案例】实验操作考试试题及评分细则

实验:探究角速度 ω 与质量 m 一定时,向心力 F 的大小与半径 r 的关系。

(1) 记录角速度 $\omega=$ _____ 和砝码质量 $m=$ _____。

(2) 将一个砝码固定在连杆上,测量并在数据记录表中记录圆周运动半径 r。

(3) 使悬臂匀速旋转,测量并在数据记录表中记录向心力 F 的大小。

(4) 改变砝码位置,重复实验步骤(2)和(3)。

（5）在坐标系中绘制大致图像。

（6）整理器材。

表5-1 数据记录表

实验序号	1	2	3	4	5	6
r/m						
F/N						

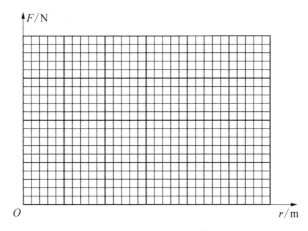

图5-11 F-r 图像

表5-2 评分细则表

评 分 标 准	分值	得分
（1）记录角速度 $\omega=$_____和砝码质量 $m=$_____	2分	
（2）将一个砝码固定在连杆上,测量并在数据记录表中记录圆周运动半径 r	1分	
（3）使悬臂匀速旋转,测量并在数据记录表中记录向心力 F 的大小	1分	
（4）改变砝码位置,重复实验步骤（2）和（3）	3分	
（5）在坐标系中绘制大致图像	2分	
（6）整理器材	1分	
总 分	10分	

四、表现性评价

针对学生自主实验,我们不仅要关注实验原理、方法、操作、数据处理,还要关注学生的参与度、科学态度及社会责任感等要素,因此采用表现性评价是最合适的。通常,一个实验要设计一个有针对性的表现性评价量表,并在布置实验时下发给学生,作好解释沟通,和学生达成一致理解。这有助于引导学生沿着正确的方向开展实验探究。

虽然每一个表现性评价量表的具体内容各不相同,但价值取向是相同的,如图5-12所示。第一,评价学生的实验参与度,即真实性,通常要求提供本人参与实验过程的佐证;第二,评价实验原理和方法的科学性,即能否正确运用物理概念及规律;第三,评价实验设计的可行性;第四,评价实验过程的创新性;第五,评价学生在展示交流过程中的多元表征和协作能力。

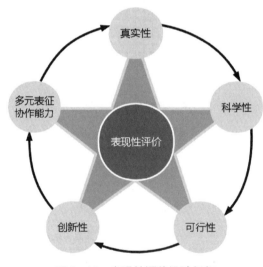

图5-12　表现性评价设计框架

【案例】"探究桔槔"的自主实验设计及表现性评价量表
背景知识

桔槔是我国古代的提水工具,明朝《天工开物》中记载了桔槔示意图,如图5-13所示。《庄子》记载了桔槔、井灌以及发生在桔槔推广中的故事,"凿木为机,后重前轻,挈水若抽,数如泆汤,其名为槔"。子贡称"有械于此,一日浸百畦,用力甚寡而见功多"。秦汉之际,桔槔和井灌已遍及我国广大农村,直到 20 世纪初逐渐消失,而位于浙江诸暨市的赵家镇却一直沿用这一古老的提水工具。请你完成下面探究任务。

实践任务

任务一:结合庄子对桔槔的记载和古代桔槔示意图,说明桔槔的功能及优点。

任务二:图 5-14 为村民使用桔槔提水灌田的场景。查阅相关纪录片,绘制桔槔示意图,说明使用桔槔从古井中提水的操作方法。用桔槔的村民说能节省约一半体力,如何解释其中的原理?请利用生活物品,根据示意图制作一个桔槔模型(按比例缩小),展现桔槔的功能及优点。

图 5-13 桔槔

图 5-14 村民使用桔槔提水灌田

任务三:2015 年 10 月 12 日,在国际灌溉排水委员会第 66 届国际执行理事会上,大约始建于 12 世纪至 17 世纪的诸暨桔槔井灌区被列入世界灌溉工程遗产名录。桔槔井灌申遗成功的主要原因是什么?给我们带来了什么启发?

评价量表

表 5 - 3　表现性评价量表

活动内容	评　价　标　准	自评	他评
解释交流	准确理解文言文,正确列出桔槔的主要功能和优点		
模型建构	准确说明主要操作方法,正确选用物理概念及模型,合理解释现存桔槔示意图		
模型制作	能合理选用材料和工具,根据结构示意图,按一定比例加工制成具有井内提水、方便使用、省力功能的桔槔模型,能现场演示桔槔模型,展示制作过程		
展示交流	能开展小组合作探究,参与小组讨论交流,形象、生动、有效地展示自己的观点、依据和作品		

【说明】完全符合评价标准得☆☆☆,大部分符合得☆☆,少量符合得☆。

第六章

促进自主探究的实验设计

深度学习需要给学生提供自主探究的机会,这是引导和推动学生沉浸探究过程、激发高阶思维的关键所在。自主探究实验(简称自主实验)需要课堂内外相衔接,使探究的选择性和开放性更强。如何设计自主实验呢?

一、设计思路

物理学科的"科学探究"包括问题、证据、解释、交流等。受此启发,我们从"问题思考""搜集证据""结果解释""讨论交流""拓展延伸"五个要素进行自主实验设计(图6-1),全面体现科学探究内在要求。在"探究超重、失重现象"案例中,自主实验的任务要求及资源栏目对应"搜集证据"维度,而"讨论交流""拓展延伸"则在课堂教学的互动对话过程中展开。

在五要素设计框架中,我们的出发点是学生的已有认知结构和生活经验,其次考虑学生探究的需求、可能遇到的困难、学科内容的逻辑等。在"探究超重、失重现象"的第一轮自主

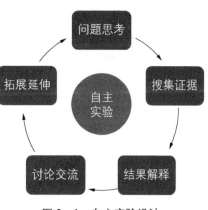

图6-1 自主实验设计

实验中,从学生熟悉的称体重切入,而不是直接从电梯运行过程引入,就是考虑到学生的生活经验和认知基础,从熟悉到陌生,由表象到本质,逐步拓展和深入。

1. 问题思考

通常从真实生活中的情境、故事等切入,逐步引出学生感兴趣却难以解决的问题,从而激发学生的认知冲突。在此基础上,学生会产生一定的猜想假设,然后引导学生尝试用实验去探究问题。

2. 搜集证据

"搜集证据"主要为学生提供一个课外能自主完成的实验方案,并附主要操作步骤。这有助于所有学生动手操作,验证自己的猜想假设。其中,"实验器材"列出了实验所需的主要操作对象及测量工具,考虑到学生在课外自主完成,尽量选用生活中常见物品并附上照片;"实验过程"则提供实验操作的主要步骤,难以用文字叙述的操作则附上示意图。

3. 结果解释

"结果解释"主要对上述实验的现象或测量结果进行描述,并用物理概念及规律对实验现象作出解释。这有助于学生对照检验自己的实验结果,不同的结果也可以促进学生反思实验过程,改进实验设计或操作。

4. 讨论交流

"讨论交流"从实验本身出发,进行多角度思考,提出若干值得进一步讨论的问题,引导学生对实验过程、结果进行反思。这有助于在课堂中开展"对话建构",有利于促进学生高阶思维、沟通表达能力的发展。

5. 拓展延伸

"拓展延伸"是供有兴趣和能力的学生进一步思考探究,在深度学习"迁移应用"阶段参考采用的。从实验本身出发,广泛联系,拓展延伸到其他有意义的情境中,并从理论或实验角度,提出若干值得思考的开放性问题,或者其他可尝试的实验方案建议,进一步挖掘自主实验的价值和意义。考虑各个实验的内容要求,并非每个自主实验都需要拓展延伸。

二、案例解析

在学习课标"主题2.1　机械能及其守恒定律"后,我们布置了一个"迁移生成"类型的挑战性任务——制作一个"动能回收薯片桶",涉及的物理原理是"动能和弹性势能的相互转化",在课标内容要求范围之内。基于五要素设计模型,我们进行了如下设计。

1. 问题思考

物体因运动而具有动能。目前有些汽车有动能回收装置,在制动过程中能将多余的动能回收利用,从而节约了能源。上海轨交三号线的部分站台略高于两边轨道,也有利于地铁列车在进站过程中回收动能,转化为重力势能,出站时再转化为动能。

　　如果给你一个空圆筒(如薯片桶),能否利用生活中常见的物品,制作一个简易的动能回收装置。如用力推一下,使圆筒在水平地面上向前滚动,减速直至停下后,能自己往回滚。

　　设计意图:第一段话描述了动能的概念,以及生活中动能回收利用的情景、方法及意义,为后面提出自主实验铺垫背景。第二段则抛出了一个与动能回收相关的挑战性任务,包含了要解决的问题,即如何用空圆筒和生活中的常见物品,设计一个动能和其他形式能量相互转化的装置。这样的设计可以让学生明确实验的意义、任务及要求。

2.搜集证据

(1)实验器材

　　薯片桶(或其他类型空圆筒,如羽毛球筒)、橡皮筋、废电池(或其他重物)、牙签(或回形针)等,如图6-2所示。

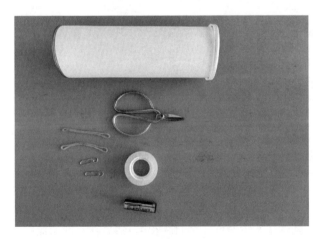

图6-2　实验器材

(2)实验过程

　　① 用胶带将橡皮筋固定在电池或其他重物上,如图6-3所示。

　　② 将两侧薯片桶盖上各钻一个小孔,橡皮筋从里到外穿出,桶盖外侧用牙签将橡皮筋一端固定好,贴上胶带,如图6-4所示。

　　③ 最后将薯片桶两侧盖上盖子(图6-5),注意让橡皮筋处于适度伸长绷紧状态。如果薯片桶过长,可以用两根橡皮筋串接起来使用。

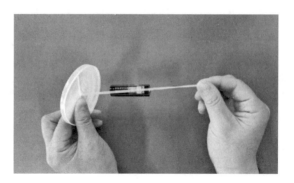

图6-3　实验操作1

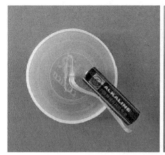

图6-4　实验操作2　　　　图6-5　实验操作3　　　　图6-6　实验调试

④ 制作完成后,可以在水平地面上测试。用力推一下薯片桶,使其向前滚出去,经一段距离运动后,薯片桶会停下来,如图6-6所示。若接下去薯片桶能回滚过来,则动能回收作品制作成功了。如果不能回滚过来,则考虑以下因素:地面是否平整? 橡皮筋是否过于松弛? 滚动距离是否太短?

设计意图:"搜集证据"为学生提供了一个简单可行,但并非唯一的实验方案,包括所需的器材、实验过程的主要操作步骤。教师在组织开展深度学习过程中,不要急于说出实验方案,留给学生充分时间进行自主探究,然后在互动交流阶段展示实验方案,或者在学生想不出有效方案时作为脚手架提供。

3. 结果解释

本实验若从力和运动的角度进行解释,学生较难理解,尤其是使薯片桶滚回来的力是如何产生的,学生若不了解内部结构原理是无法解释的。因此,从能量转化角度来解释较好。

首先,手的推力对薯片桶做功,使它获得一个初动能,在地面上向前滚动。在滚动过程中,薯片桶内的电池(或重物)由于质量较大(惯性较大)保持相对静止,而橡皮筋由于两端被薯片桶盖固定,所以在滚动过程中不断扭转形变,动能转化为弹性势能。当动能减小为零时,橡皮筋的弹性势能最大。之后,橡皮筋使薯片桶反转,弹性势能又转化为薯片桶的动能,薯片桶滚回来。因此,薯片桶通过橡皮筋实现了动能的回收和释放。

设计意图:第一段描述实验观察到的现象,第二段阐述了产生实验结果的物理原理。由于不同的实验方案可能会产生不同的效果,所以仅供教师或学生参考。同样,作为教师组织开展深度学习,可以先让学生充分交流自己观察到的现象并作出解释,然后提供结果解释。

4.讨论交流

如果薯片桶不回滚,可能的原因是什么? 简述理由。

答:不回滚的主要原因是橡皮筋储存的弹性势能太小。

导致弹性势能太小的可能原因:① 初动能太小,导致向前滚动的距离较短,没有足够多的动能转化为弹性势能;② 橡皮筋绷得不紧,导致没有支持薯片桶滚回来的动力;③ 重物太重,增加了滚动阻力,导致薯片桶无法滚回来;④ 重物太轻,跟着橡皮筋一起转动时,没有储存足够多的弹性势能。

设计意图:通过一个或多个实验相关的讨论题,引导学生深入思考和交流。薯片桶不回滚的现象,在实验中的确可能碰到,但原因是多方面的。学生要想分析清楚,就需要运用“力和运动”“功和能”等物理观念,结合具体情境进行推理论证。这有助于提升学生的科学思维能力,建议在课堂对话中展开。

5.拓展延伸

(1)查阅资料,说明新能源汽车的能量回收通常是如何工作的? 它对应哪些能量之间的转化,需要什么装置? 请你画出示意图,并进行简要说明。

(2)我们在跑步、骑车等健身运动过程中,能否同步实现能量转化回收,将人的机械能转化为对我们有用的其他形式的能量? 请你尝试做一个设计方案,说明其工作原理。

设计意图:提供实验相关的参考资料,并设计若干有一定深度、广度的开放性问题,引导学生开阔思路、学以致用,尝试解决新问题,形成新成果。此过程引导学生自主创造,有利于培育创新思维,适用于深度学习“迁移生成”阶段。

为了充分发挥自主实验的价值,教师在布置自主实验时,需要考虑学生的状态和需求。通常自主实验的布置在课堂上有一个简短的启动过程,即抛出驱动性问题,明确评价标准,鼓励投入其中。“问题思考”之后的各个栏目,建议在合适机会推送给学生。如在学生自主初探后可推送"搜集证据",提交实验成果后组织"讨论交流",对于对实验非常感兴趣的学生则通过"拓展延伸"满足其进一步探究的需求。

三、自主实验评价

围绕深度学习在认知领域、动机情感领域和人际领域的主要目标,结合自主实验本身,考虑可测评、可操作要求,我们设计了自主实验评价表,如表 6-1 所示。

表 6-1　自主实验评价表

内　容	指标	指　标　解　读	分值	自评	他评
实验设计	科学性	能正确运用物理概念及规律选择实验器材,运用控制变量法设计观察或测量方案等			
	可行性	能在实际环境中找到器材,易于操作,便于观察测量			
	创新性	能提出多种或与众不同且有价值的实验设计方案			
实验过程	真实性	自己或合作完成实验装置搭建、主要操作及实验数据处理等			
	规范性	实验操作及测量过程符合安全要求及使用规范			
	反思性	对实验过程和结果进行反思和总结			
讨论交流	参与度	能积极参与问题讨论,多元表达自己的观点及依据			
	批判性	能分析评价他人观点,提出有依据的质疑			
	深刻性	能深入分析问题,正确运用物理概念及规律,科学推理得出合理结论			
拓展延伸	灵活性	能进行发散性思维,广泛联系,学以致用,提出自己的想法			
	创造性	能开展自主探究,提交相关的、具有一定价值的物化探究成果			

　　上述评价表仅提供了一个自主实验评价的通用设计框架,具体使用时还需结合实验内容进行细化和调整,最终设计出具体可测的评分标准。值得注意的是,制订具体的评分标准时要和学生共同协商,在师生对评分标准的解读及操作性理解一致的前提下,再将评分标准与自主实验任务要求一同布置。

　　以"动能回收薯片桶"为例,我们可以设计出结合实验内容的具体评分标准,如表6-2所示。

表6-2　"动能回收薯片桶"实验评价表

内容	指标	评 分 标 准	分值	自评	他评
实验设计	科学性	能说明动能和弹性势能转化关系,能说明能量转化的实现方法	4分		
	可行性	所选器材容易获得,实验步骤易于操作	2分		
	创新性	提供多个能量转化实验方案,提供一个与众不同的实验方案	2分		
实验过程	真实性	提供自主或合作完成实验过程的佐证(照片、视频、原始数据等)	2分		
	规范性	能安全、正确地使用工具	1分		
	反思性	提交制作、调试过程的反思、改进措施	2分		
讨论交流	参与度	能主动参与讨论,表达自己的观点	2分		
	批判性	能评价他人观点,提出改进或不同意见	1分		
	深刻性	能够运用"力和运动""功和能"等知识,结合具体情境分析薯片桶不回滚的原因,说明理由	1分		
拓展延伸	灵活性	能提供汽车能量回收装置示意图,并对回收过程进行说明	1分		
	创造性	能设计在运动或骑车时,人的机械能回收利用装置(画出示意图),尽可能制作实物或模型	2分		
总　分			20分		

四、自主实验分类

因为自主实验通常是在教师指导下,学生在课外完成,学生有较大自主性,所以尽可能考虑选用生活中的常见物品作为实验器材和工具,包括手机、计算机等已经普及的信息化工具。当然,一部分实验也可以由教师组织在课堂内开展。

根据深度学习的进程,结合课标要求、配套教材和实践需求,我们将自主实验大致分为三类,如图6-7所示。

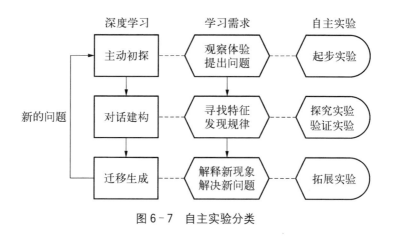

图6-7 自主实验分类

第一类自主实验适用于"主动初探"阶段。它是为了观察和感知现象,获得亲身体验,积累操作经验而进行的自主实验。如"寻找木棒的重心",学生通过简单的自主学习,可体验在寻找重心过程中压力、摩擦力的微妙变化以及力和运动的关系等。在此基础上,进一步探究生活中常见的力、物体的平衡等问题。又如"摩擦的力量",学生在实验中能感知静摩擦力的大小、方向特点,有助于进一步设计探究静摩擦力特征的实验方案。

第二类自主实验适用于"对话建构"阶段。此类实验有助于学生把握事物本质,探究变化规律,建构概念或规律。如"小心手机自由落体",有助于学生探究自由落体运动规律,测得自由落体运动的加速度。

第三类自主实验适用于"迁移生成"阶段。此类实验有助于学生学以致用,解释新现象,解决新问题,或生成体现物理意义的作品。如"追风的火焰",引导学生运用惯性概念,解释新现象;"反应尺"的制作,需要学生运用自由落体运动规律,制作一个测反应时间的工具,体现物理规律的应用价值;"自制静电除烟器",引导学生利用静电的相互作用,制作一个能减少烟雾污染的装置,具有环保价值。此外,还有利用静电规律演示"隔空控物""静电章鱼"等有趣现象。

第七章

促进"主动初探"的实验设计

促进"主动初探"的实验,又称"起步实验",是吸引学生参与实验的关键,也是由浅入深开展深度学习的第一步。参与的前提是让学生充分感知现象,激发思考,产生探究欲望。主动探究后,学生能提出进一步可探究的问题,作出有依据的假设,还可以结合自己的已有经验进行主题探究,为后续"对话建构"打下基础。

一、实验设计方法

起步实验的设计要体现"基于主题、激活经验、自主可行、新奇有趣或产生认知冲突"等要求。首先,要围绕单元主题设计,起步实验是为进一步开展主题探究作铺垫的,因此要指向单元主题的基本问题。其次,起步实验属于自主实验,在教师引导下学生能自己完成,因此实验器材主要来自生活中的常用物品,且操作简单。最后,实验现象能吸引学生,或新奇有趣,或与原有经验相冲突,进一步激发学生思考和探究,能引导学生参与到深度学习过程中来。

基于五要素设计框架,起步实验的设计流程通常包括以下五个环节。第一,创设情境并提出具有一定挑战性或容易产生认知冲突的驱动性问题。第二,引导学生进行体验和实践,同步思考提出的问题。第三,要求学生交流观察到的现象或实验记录的数据,并尝试作出自己的解释。第四,组织学生进行讨论,并不断追问、引导。第五,能根据学生的体验情况提出更高要求的任务,吸引学生进一步探究。

二、实验案例解析

我们以"寻找木棒的重心"为例,解析起步实验的设计方法。在"相互作用与力的平衡"单元中,核心概念是生活中常见的力(重力、弹力、摩擦力)和共点力作用下的平衡条件。学生在初中已经学过了重力、弹力和摩擦力,了解了滑动摩擦力大小与哪些因素有关。在上述分析基础上,我们设计了如下实验方案。

【案例】必修 1.2　寻找木棒的重心(重心、弹力、摩擦力)

1. 问题思考

"不倒翁"在生活中很常见,它是怎么实现不倒的呢? 秘密就在于它的"重心"。我们找到一根粗细不均匀的木棒(例如一端较粗,另一端较细),在不利用其他工具的情况下,如何仅用双手迅速地找到它的重心? 比较谁的方法更快、更准?

2. 搜集证据

(1) 实验器材

长约 1 米、粗细不均匀的木棒。

(2) 实验过程

① 两手放在木棒的两端,使木棒位于两只手的食指的外侧之上。

② 两手慢慢地移动、靠拢,手会交替在木棒下滑动,最终左右手两手指将在木棒的重心下方相遇,如图 7-1 所示。

图 7-1

3. 结果解释

由于棒是不均匀的,棒的重心不在两手指之间连线的中点处,因此棒对两手指的压力不相等。靠近重心的手指所受压力比较大,于是它与棒的静摩擦力的最大值也就比较大,显然另一根手指就会向内滑动。如此交替变化,缓慢移动,两手指最终将在重心下方相遇。

不管棒的形状多么不规则,只要它能被两根食指支撑起来,那么重心就一定在这两个支撑点之间。一边支撑着棒,一边让两根手指慢慢地交替着往中央位置移动,最后的重合点就是重心。

4. 讨论交流

(1) 不倒翁不倒的原因是什么呢?

答:物体的重心越低,物体越稳定,不倒翁在竖立状态时重心最低。当我们推它时,不倒翁偏离平衡位置,重心会升高。为了趋于稳定,重心总是要回到最低位置(即竖立状态),所以不倒翁无论如何摇摆,总是不倒的。

（2）杂技演员走钢丝时总是拿着长杆子,杆子有什么作用?

答:影响物体稳度的因素有重心高低和底面积大小,在走钢丝时重心是重要的因素。杂技演员向右倒,说明他的重心偏右,要调整重心,就要使自己左侧的质量增大,因此要及时把杆子送向左边。当他的重心移动到适当的位置,就可以避免其倾倒。

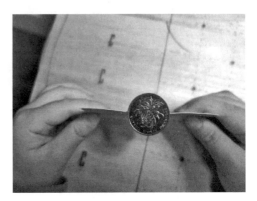

5. 拓展延伸

如图7-2所示,能否用类似的方法,用一张卡纸支撑起一枚硬币呢? 试一试吧。

图 7-2

【案例解析】

"问题思考"的功能是创设情境,提出问题,引出实验任务。案例首先展示生活中的不倒翁现象,唤醒学生已有的重心概念,关注重心位置对于平衡的重要性。在此基础上,我们展示一根粗细不均匀的木棒,并抛出一个略有挑战性的任务:如何仅用双手迅速找到木棒的重心?

"搜集证据"中,实验器材要易于获取,实验过程要操作简单。只要能找到一根粗细不均匀的木棒,就可以开展本实验。可以先让学生自己摸索体验,强调仅利用双手,关注力的作用效果。学生可能会直接估计重心位置,利用平衡概念不断调整,这样的方法也值得肯定,但是不够快或者不够准确。如果没有学生能想到上述方法,教师可引导或示范实验步骤,让每位学生都体验、观察到手指逐步逼近重心位置的过程。

"结果解释"引导学生对结果进行解释,体现了物理观念、科学思维方法的运用。学生从手指体验出发,会感受到棒的运动与压力、摩擦力有关,重心位置又与平衡有关,但又不能完全解释清楚,这将激发学生进一步思考弹力和摩擦力的特点、运动和力的关系等,为后续探究奠定基础。

"讨论交流"可以进一步促进学生对实验深入反思。有的问题指向实验本身,有的问题指向实验相关的情境。本实验讨论不倒翁和走钢丝情境,这是学生生活中比较熟悉的,有助于观念运用,体会寻找重心的意义。

"拓展延伸"提出一个更具挑战性的任务,也是本实验方法的迁移运用,建议让学生在课外完成,或者学完生活中常见力之后再开展。要求学生将从棒两端往中间慢慢移动的经验,迁移到卡纸先折过来放置硬币,然后慢慢展开成一直线,找到硬币的重心位置,让硬币稳稳地被支撑起来。

综上所述,促进主动初探的实验设计,为了吸引学生参与,可以采用具身学习,即身体参与体验的活动,并且具备指向单元主题的探究空间,为后续探究提供铺垫。同时,还要简单易行,方便开展,课内外相结合组织效果更好!

三、"主动初探"自主实验选编

在教学实践中,我们围绕课标开发或选编了很多适用于单元探究的起步实验。编号"必修 1.1"表示本实验适用于课标必修内容中编号为 1.1 的主题,实验名称后的括号则表示实验相关的知识点,便于检索选用。

[7-1] 必修 1.1 溜溜球的运动(物理模型、位移、路程)

1. 问题思考

溜溜球被称为"世界上第二大古老的玩具",最早出现在古希腊,也被称为悠悠(YOYO)球。YOYO 源自菲律宾的土语,为"去回来"的意思。如今,溜溜球已经成为一项风靡全球的手上技巧运动。你知道溜溜球在一次来回过程中的位移和路程各是多少吗?

拿上承载你童年记忆的溜溜球,让我们一起试试吧!

2. 搜集证据

(1)实验器材

溜溜球。

(2)实验过程

① 将溜溜球竖直向下放和收一次,如图 7-3 所示。

② 比较溜溜球的路程和位移。

3. 结果解释

将溜溜球看作质点,若放手前后手的位置不动,溜溜球的路程近似等于绳长的两倍,而位移为零。

在研究溜溜球一次放收的路程和位移时,溜溜球的大小、形状对本研究问题影响很小,因此可将其看成质点。路程为溜溜球运动轨迹的长度,位移指溜溜球初末位置的变化。

图 7-3

4. 讨论交流

（1）若更换一个绳长更长的溜溜球，它的位移和路程会有什么不同呢？

答：绳长变长之后，路程变大，位移仍为零。

（2）若表演一套花式溜溜球，它的位移和路程又会有什么不同呢？

答：花式溜溜球的路程为它运动的轨迹长度；位移为溜溜球初位置指向末位置的有向线段，线段长度表示该过程的位移大小，线段方向为位移方向。

[7-2] 必修1.2 摩擦的力量（静摩擦力）

1. 问题思考

如果仔细观察，我们可以看到绝大部分鞋子的底部都有花纹。既然人们都不注意鞋子底部，那为什么在生产的过程中还要多一道工序做花纹呢？其实这个花纹是为了增强鞋底与地面的摩擦力，防止我们在运动过程中摔倒。

既然摩擦力这么厉害，我们今天就利用它的强大力量，让小木棍化身大力士，挑起比它重几百倍的一整瓶大米！

2. 搜集证据

（1）实验器材

大米若干，塑料瓶一个，筷子一根。

（2）实验过程

① 把米倒入瓶子里面，一定要尽量多倒一些，装至瓶口，装结实，如图7-4所示。

图7-4

图7-5

② 把筷子插入米中，尽可能插深一点，方向尽量竖直。

③ 握住筷子一端，慢慢提起塑料瓶，轻松地将一瓶米提起来（图7-5）。

3. 结果解释

筷子表面会与米产生静摩擦力,米与瓶壁之间也有静摩擦力。而被压实的米对筷子和瓶壁产生了很大的压力,这个压力让静摩擦力变得很大,于是我们便可以轻松地把瓶子提起来。

4. 讨论交流

(1) 你能判断筷子受到的静摩擦力的大小和方向吗?

答:筷子提起瓶子和米后处于平衡状态,根据平衡条件,米受到重力和筷子对它的静摩擦力,静摩擦力方向竖直向上。因为力的作用是相互的,所以筷子受到的静摩擦力是竖直向下的,大小等于瓶子和米的重力。

(2) 筷子提米实验中一共有多少对摩擦力? 摩擦力的方向分别是怎样的?

答:手对筷子向上的摩擦力和筷子对手向下的摩擦力;筷子对米向上的摩擦力和米对筷子向下的摩擦力;米对瓶子向上的摩擦力和瓶子对米向下的摩擦力。

5. 拓展延伸

如果失去了静摩擦力,那么我们的日常生活就会受到严重影响。我们骑车时,轮胎与地面产生摩擦力;跑步时,鞋底与地面产生摩擦力;刀叉碗盘以及各种工具的使用等,都离不开静摩擦力。

鞋子与地面没有摩擦,我们会寸步难行,更不能进行日常活动。有了静摩擦力,我们才能拿起碗筷,补充日常生活所必需的能量。不仅如此,工业生产也离不开静摩擦力,如果生产中没有静摩擦力,那么机器就不能正常运作,甚至连启动都做不到。人们也无法开展休闲娱乐活动,如弹奏钢琴、演奏小提琴等。弹奏钢琴需要的是手指与琴键的摩擦力,演奏小提琴需要琴弦与琴弓的摩擦力。

那么,摩擦力的大小和哪些因素有关呢? 实验成功后,可以试着不断减少大米的量,看看会产生什么其他现象?

[7-3] 必修1.2　谁的"定力"最大(惯性)

1. 问题思考

列车突然启动,车厢桌面上的物体会相对桌子滑动一段距离,有的滑动距离长,有的滑动距离短。你知道物体的滑动距离与哪些因素有关吗?

我们可以用一个小实验模拟上述情境,分析影响滑动距离大小的因素。

2.搜集证据

（1）实验器材

水平桌面,轻质塑料盒、木块、盛满水的杯子(三个物体质量差异明显),一块桌布。

（2）实验过程

① 将桌布铺在水平桌面上,在桌布上等间距地放置轻质塑料盒、木块和盛满水的杯子,如图7-6所示,拍摄或者用刻度尺记录好三个物体的初始位置。

图7-6

② 两手抓住桌布左端,沿水平方向向左用力快速抽出,如图7-7所示。

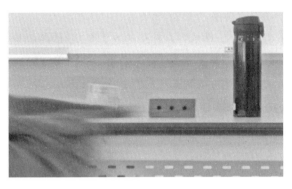

图7-7

③ 抽出桌布后,通过拍摄或用刻度尺测量三个物体在桌面上滑动的距离。

3.结果解释

对比抽出桌布前后的照片,或通过刻度尺读数,可以观察到轻质塑料盒运动的距离最大,而杯子几乎没有发生运动。

这是因为在相同的桌布作用下,质量越大的物体惯性越大,运动状态越难改变,滑动距离越小,所以装满水的杯子几乎没有发生运动。反之,质量越小的物体,滑动距离越大,所以轻质塑料盒运动的距离最大。这表明物体质量越大时,惯性越大,该物体的"定力"也就越大。

4. 讨论交流

实验中,桌布抽出的速度是否会影响实验效果?

答:有影响。桌布抽出的速度小,物体更容易滑行,相对桌面滑行距离更大。这跟桌布与物体之间的力大小及作用时间有关。

5. 拓展延伸

还有哪些因素会影响抽出桌布过程中物体的滑动距离大小?

[7-4] 必修1.2 你的按动笔能"跳"多高(加速度与质量的关系)

1. 问题思考

按动笔的优势是不会丢失笔帽,用时将笔芯头按出来,不用时把笔头按进去,非常方便。它受欢迎的另一个原因或许是,一按一压让笔在桌上弹跳也是一个有趣的现象。你知道按动笔"跳"起的高度和起跳速度与哪些因素有关吗?

我们可以用身边的按动笔,设计一个小实验,探究上述问题。

2. 搜集证据

(1)实验器材

按动笔一支,橡皮两块,橡皮筋一根,刻度尺一把。

(2)实验过程

① 如图7-8所示,将刻度尺竖直放置在水平桌面上,按动笔笔尖朝上置于刻度尺旁边。

② 竖直按压按动笔,放手,观察笔向上跳起的最大高度。

③ 在笔的两侧用橡皮筋固定两块橡皮。

④ 重复步骤①、②。

⑤ 比较按动笔前后两次跳起的最大高度。

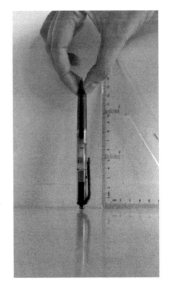

图7-8

3. 结果解释

实验中可观察到按动笔释放后会跳起一定高度。在笔上绑上橡皮后,跳起的高度明显变低。

笔内的弹簧由于被按压而产生弹力,在手放开笔的很短一段时间内,弹簧的弹力会对笔产生向上的推力,使笔向上做加速运动,笔起跳时就具有一定的速度。同一弹簧、同样程度按压后释放,笔的质量越大,获得的加速度越小,起跳速度越小,跳得越低。

4. 讨论交流

(1) 实验中,按压笔跳起的高度与哪些因素有关?

答:按压笔跳起的高度与起跳速度有关。笔在加速过程中的平均加速度与笔受到的力、笔的质量有关。同一支笔,若按压程度不同,跳起的高度也不同。不同的笔,则与弹簧的劲度系数、按压程度有关。

(2) 本实验,能否估测按压笔起跳的速度大小?

答:按压笔起跳后的运动可近似看作竖直上抛运动,根据跳起的最大高度和运动学公式,可计算出起跳的速度大小。

5. 拓展延伸

能否从能量转化的角度分析和解释实验现象?

[7-5] 必修 2.1 "怪坡"的秘密(重力势能和动能相互转化)

1. 问题思考

新闻报道,一名司机在三亚学院路万科森林度假公园前的路上无意间发现了一个奇怪现象,停在下坡路上的车竟然自己会倒车。对此事不解的他又专门开车来到"怪坡"处,实验发现:汽车上坡加速,下坡吃力,挂空挡后车子在下坡路上仍旧自行倒滑。他还带着记者见证"怪坡"的神奇,他将一瓶矿泉水洒在"怪坡"路上,水不但没有流向坡底,反而逆道向上流去。

你觉得这个现象是否违反物理规律?下面通过实验解开"怪坡"之谜。

2. 搜集证据

(1) 实验器材

两根长约 1 m 的相同金属条(或光滑的木条),木块,一个中间大、两头小的锥体。

（2）实验过程

① 把两根长约1 m的相同金属条水平放在桌面上,其中一端靠在一起放在桌面上,另一端用木块垫高并分开一定宽度,如图7-9所示。

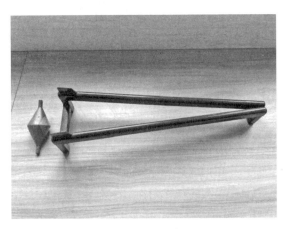

图7-9

② 将锥体放在金属条最高处,调节金属条的宽度,使锥体最大宽度处略大于金属条的宽度。

③ 将锥体放在金属条的中间位置,观察锥体的滚动方向。

3. 结果解释

观察到锥体向金属条垫有木块的一端滚动,产生"上坡"的错觉。

锥体形状是中间大、两头小,锥体的重心在两尖端连线中点;金属条垫有木块的一端分开一定的宽度。锥体在金属条垫有木块的一端时接触的是锥体两头部分,锥体重心低于与金属条接触处的高度。当锥体在向垫有木块一端滚动时,实际上锥体的重心在下降,因此锥体由金属条中点往"上"滚动是一种错觉,如图7-10所示。

报道中的"怪坡",其中的一种原因就是斜坡的坡角不大,是周围环境导致的一种错觉。

4. 讨论交流

当观察到与物理规律相"违背"的运动现象时,可以采用什么方法研究呢?

答:首先,要相信物理规律的客观性。如"怪坡"现象中,由力和运动的关系可知,物体在重力作用下由静止起一定沿重心降低的方向运动。

其次,借助科学方法揭示现象背后的本质。如观察锥体运动时,要善于变换不同

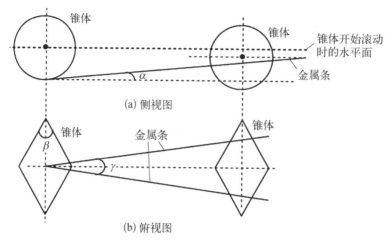

(a) 侧视图

(b) 俯视图

图 7-10

的角度。以水平桌面为参照,通过测量锥体运动时两头尖端与水平桌面间的高度变

化,或通过测量锥体最低处与水平桌面间缝隙大小的变化,确定锥体到底是不是向高处运动。

5. 延伸拓展

本实验也可用篮球和两根木棍来完成,如图 7-11 所示。篮球表面粗糙,与木棍间的摩擦阻力大一些,不容易成功,所以一定要耐心仔细调整位置。

图 7-11

[7-6] 必修 2.2　在移动的座椅上抛篮球(运动的合成与分解)

1. 问题思考

一颗子弹从 5 m 的高处自由下落,和另一颗在相同高度以 300 m/s 的速度水平射出的子弹相比较,哪一颗会先落地呢?

为解答这个问题,需要对平抛运动有一些基本的认识。平抛运动是一种简单的抛射运动,物体可以看作同时进行了水平方向和竖直方向的运动。尽管两个方向的运动看似很复杂,但通过移动的座椅上抛篮球实验,我们可以更生动、更直观地理解平抛运动,进而解决哪一颗子弹先落地的问题。

2. 搜集证据

（1）实验器材

可以移动的座椅，篮球，如图 7-12
所示。

图 7-12

（2）实验过程

① 甲同学拿着篮球坐在座椅上，
乙同学匀速推动或者拉动座椅。

② 甲同学竖直向上抛出篮球，并
接住篮球。

③ 站在边上的旁观者观察篮球的运动轨迹。

3. 结果解释

上抛的篮球落回到座椅上的甲同学处，边上的旁观者看到篮球的运动轨迹是抛
物线。

因为篮球在空中时水平方向上的分运动和甲同学的运动情况相同，均是匀速直线
运动，所以篮球落回甲同学处。同时，篮球在竖直方向上做上抛运动，两个分运动合
成，其运动轨迹是抛物线。

4. 讨论交流

（1）对于抛出篮球的人来说，他所观察到篮球的运动情况又如何呢？

答：篮球水平方向的分运动是匀速直线运动，竖直方向的分运动是上抛运动。对
于抛出篮球的人来说，其水平方向的运动情况与篮球相同，所以只能观察到篮球竖直
方向的运动情况——上抛运动。这跟在匀速行驶的高铁上单手上抛一个橙子，橙子仍
旧落回手中是一个道理。同理，水平射出的子弹在竖直方向上的分运动是自由落体运
动，与等高处自由下落的子弹同时落地。

（2）如果乙同学加速推动座椅的同时甲同学上抛篮球，能观察到什么现象呢？

答：在空气阻力忽略的情况下，由于惯性篮球水平方向的分速度保持不变，竖直方
向仍旧是上抛运动，故旁观者观察到篮球的运动轨迹仍是开口向下的抛物线。与此同
时，座椅上的甲同学在水平方向上加速运动，位移大于篮球的水平位移。因此篮球下
落至抛出高度时，无法再落回甲同学的手中。

5. 延伸拓展

类似地，还可以试试在同一高度以不同大小的初速度同时水平抛出两枚硬币，它

们会不会同时落地呢？除了用高速摄像机拍摄比较之外,也可以通过听硬币着地的声音来判断,这比通过视觉观察更加简单易行。

这些小实验都可以让我们感受到,可以把抛射运动在竖直方向上的运动和在水平方向上的运动分开来处理,进而对运动的合成与分解有更深刻的理解。

[7-7] 必修 2.2　水流星(圆周运动、向心力、向心加速度)

1. 问题思考

如果将一个装满水的桶倒置过来,水一定会从桶中流出来。但是,如果把桶以足够快的速度旋转过你的头顶,也许你不会被淋湿。那么,为什么水不流出来呢？这个足够快的速度又是多快呢？

只需要一个带有提手的水杯,你就可以通过实验来探究啦!

2. 搜集证据

(1) 实验器材

系着细绳的小水桶,水。

(2) 实验过程

① 细绳的一端系有盛满水的小水桶,手拉绳的另一端,并以此为圆心甩动,让小水桶以较大的速度在竖直平面内近似做圆周运动,如图 7-13 所示。

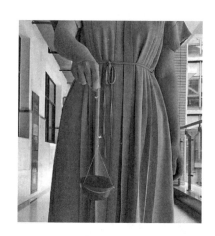

② 逐步减小小水桶的旋转速度,直到水被甩出来。

图 7-13

3. 结果解释

小水桶被甩动后在竖直平面内做圆周运动,即使在最高点,水也不会从桶中流出。旋转得越慢,人被淋湿的风险就会越高。

如图 7-14 所示,在最高点,桶中的水受到重力 G 和桶底对水的压力 N,这两个力的合力提供向心力,即 $G+N=m\dfrac{v^2}{R}$ 。如果旋转的速度 v 足够大,所需的向心力大于重力,桶底对水的压力 N 大于零,此时水就不会流出来。

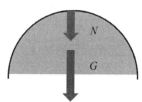

图 7-14

4.讨论交流

放在桶里的水越多,是否越容易成功表演水流星节目?

答:人刚好不被淋湿时,只有重力提供圆周运动所需的向心力,即 $mg = m\dfrac{v^2}{R}$, $v = \sqrt{gR}$ (R 为水桶做圆周运动的半径)。因此,相同半径的水流星,不被淋湿的临界速度仅与圆周运动半径以及重力加速度相关,而与水的质量无关。

5.延伸拓展

请你观看一个水流星表演,你会看到除了在竖直平面外,水流星也可以在其他平面内表演。思考一下水不流出来的条件是什么?

[7-8] 必修3.1　隔空控物(静电现象、电荷)

1.问题思考

秋冬季节,我们脱毛衣的时候,时常发现头发也会跟着飘起来,甚至听到噼啪的声音。如何解释上述现象?能否利用相似的原理,设计一个小实验来表演隔空控物的小魔术呢?

我们可以用一根吸管和一根牙签做实验,实现牙签被控制而跟着吸管"走"的效果,试一试吧!

2.搜集证据

(1)实验器材

硬币,牙签,塑料吸管,一次性塑料杯,毛巾或毛衣,剪刀,如图 7-15 所示。

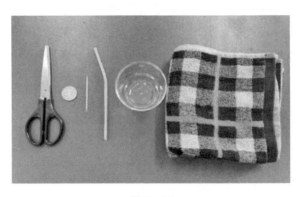

图 7-15

（2）实验过程

① 将硬币竖直立在水平桌面上。

② 把牙签两端剪掉，并确保其长度小于塑料杯杯底的直径。

③ 将牙签轻轻地平放在硬币上，并确保平衡。

④ 再将塑料杯扣住硬币和牙签，且硬币的位置应在杯子中央。

⑤ 用毛巾反复摩擦吸管，直到能感觉到吸管发热。

⑥ 用吸管靠近牙签，注意不要触碰到塑料杯（图 7-16），围绕着塑料杯缓慢移动吸管，观察牙签的运动情况。

图 7-16

3. 结果解释

实验中可观察到，牙签会跟着吸管转动。

我们知道摩擦可以使吸管带上静电，而静电能吸引轻小物体。当带电吸管靠近牙签时，牙签受到静电力作用。由于牙签轻小，所以牙签会跟着吸管"走"。

4. 讨论交流

（1）为什么隔着塑料杯带电体也能吸引轻小物体？

答：因为带电体周围存在电场，它可以穿过塑料杯而存在。电场能对放入其中的轻小物体产生力的作用。

（2）牙签转动效果可能跟哪些因素有关？

答：牙签的转动效果可能跟塑料吸管所带电荷的多少、牙签与塑料吸管间的距离、塑料杯的厚度、牙签和硬币间的摩擦等因素有关。

5. 延伸拓展

如果没有硬币，还有什么可行的方法达到同样的效果？如用矿泉水瓶盖试一试。

[7-9] 必修 3.1　带电的报纸（静电现象、电荷）

1. 问题思考

生活中，汽车的验车标志、窗户上的贴纸，不用胶水、胶带等也能贴上。

你能不用胶水、胶带等黏合物，让一张报纸贴在墙上而不掉下来吗？请你通过实验试一试,并分析其中的原理。

2. 搜集证据

(1) 实验器材

黑板(或墙),一张报纸,一支铅笔。

(2) 实验过程

① 展开报纸,用手把报纸平铺在黑板上。

② 用铅笔的侧面迅速在报纸上摩擦几下后,观察报纸能否粘在黑板上。

③ 掀起报纸的一角,然后松手,观察报纸是否掉下来。

④ 把报纸慢慢地从黑板上揭下来,注意倾听声音。

3. 结果解释

用铅笔的侧面迅速在报纸上摩擦几下后,报纸就像粘在黑板上一样不掉下来。掀起报纸的一角,然后松手,被掀起的角会被黑板吸回去。把报纸慢慢地从黑板上揭下来,可以在安静环境下听到声音。

被铅笔摩擦过的报纸带有静电,且本身较轻。当它贴近干燥的黑板时,因为受到静电吸引而吸附在墙上。同样道理,报纸被掀起的角会因为静电力而被吸回去。

4. 讨论交流

吸附的效果取决于哪些因素? 如果是在夏季的梅雨季,实验效果会怎样?

答:吸附效果取决于静电积累的电荷量,梅雨季节空气和墙面湿度较大,静电不容易积累,实验现象不明显。

5. 延伸拓展

除了报纸,还有哪些物品,能通过静电吸附在墙壁上? 手机贴膜也不用胶水,是否和本实验的原理相同?

[7-10] 必修 3.1　静电章鱼(静电现象、电荷)

1. 问题思考

干燥的冬季,我们不小心碰到身边的物体时,瞬间会感觉被电了一下;用塑料梳子梳头发时,头发会飞扬起来,如何解释这些现象呢? 我们能否利用相关知识,表演一个空中飞舞的"静电章鱼"小魔术呢?

我们可以用一根魔法棒和自制"章鱼"实现"跳舞的章鱼"表演,一起来试一试吧!

2. 搜集证据

（1）实验器材

尼龙绳一段，PVC管一段，毛巾一条，剪刀一把，如图7-17所示。

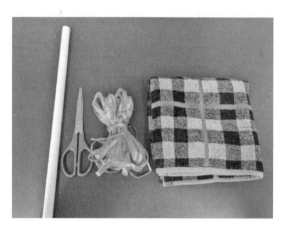

图 7-17

（2）实验过程

① 如图7-18(a)所示，将尼龙绳撕开，模拟制作一条"章鱼"。

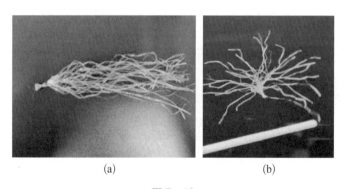

(a)　　　　　　　　　　(b)

图 7-18

② 用毛巾摩擦PVC管。

③ 用毛巾摩擦"章鱼"。

④ 将摩擦过的PVC管靠近抛在空中的"章鱼"，如图7-18(b)所示。

⑤ "章鱼"会远离PVC管，在空中飞舞。

3. 结果解释

实验中可观察到"章鱼"在空中飞舞。

毛巾摩擦过的"章鱼"带了静电,各分支带同种电荷,相互排斥,因此会分散开。毛巾摩擦过的 PVC 管也带上了静电,且和毛巾摩擦过的"章鱼"带有同种电荷,根据同种电荷相排斥的原理,出现了"章鱼"在空中飞舞的现象。

4. 讨论交流

(1)"章鱼"如何制作,实验才能更易成功?

答:"章鱼"能在空中飞起来的条件是 PVC 管对它的静电力大于它自己的重力。若"章鱼"的重力较大,就要获得更大的静电力才能成功,故"章鱼"制作得小一点、轻一点,实验才容易成功。

(2)在什么环境下做这个实验成功的机会大?

答:干燥的情况下摩擦容易产生静电,实验成功的机会大。

[7-11] 必修 3.2 小彩灯亮暗之谜(串并联组合电路)

1. 问题思考

晚饭过后,我们和家人漫步于城市的夜,享受着美好时光,道路两旁闪闪发光的小彩灯为我们呈上了视觉的盛宴,令我们的心情也是彩色的。你有没有注意到其中一个小彩灯不亮时,其他小彩灯照样发光,你知道这是为什么吗?

我们可以通过实验观察小彩灯的结构,揭开小彩灯亮暗之谜。

2. 搜集证据

(1)实验器材

彩灯串,家用电源。

(2)实验过程

① 将一串彩灯接通电源,让小彩灯都亮起来。

② 断开电源,任意拧掉其中一个小彩灯泡。

③ 重新将彩灯串接通电源,观察其余灯泡的亮暗变化。

④ 断开电源,任意弄断一个灯泡的灯丝,如图 7-19 所示,将这个小灯泡的底座重新安装到彩灯串上。

⑤ 再次将彩灯串接通电源,观察其余灯泡的亮暗变化。彩灯接通电源的情况如图 7-20 所示。

图 7 - 19

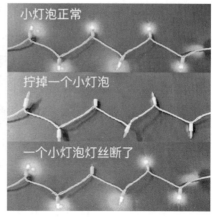

图 7 - 20

3. 结果解释

任意拧掉其中一个小彩灯泡后，其余小彩灯不发光。当一个灯泡内部灯丝断开时，上面的电阻丝仍能导电（图 7 - 21），所以其他小彩灯仍能发光。

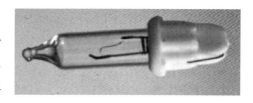

图 7 - 21

灯泡间是串联的，但每个灯泡内部都有两个并联支路，所以当拧掉一个灯泡时，两条支路均断开了，其他灯泡不亮。当一个灯泡内部的灯丝断开时，还有一条支路是接通的，所以其他灯泡仍能发光。

4. 讨论交流

我们观察到小彩灯之间是串联的，但每个灯泡内部都有两个并联支路，即灯丝和电阻丝并联，哪个电阻大呢？当一个灯泡的灯丝断了之后，其余各灯亮度有什么变化？

答：小彩灯的内部结构和电路连接如图 7 - 22 所示，在正常情况下，灯丝消耗的功

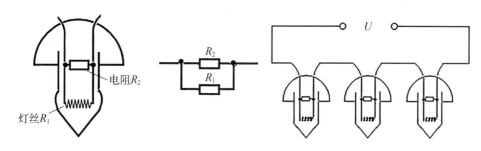

图 7 - 22

率大,并联的电阻消耗的功率就小,因此 $R_{电阻丝} \gg R_{灯丝}$。当某一个灯泡的灯丝断了,只有电阻丝串联在电路中,电路的总电阻增大,总电流变小。因此,每个灯的实际功率会降低,灯均变暗一些。当多个彩灯的灯丝断了之后,整串灯的亮度将变得很暗。

5. 延伸拓展

查阅资料,了解闪烁变化的彩灯串是如何连接的?

[7-12] 选择性必修 1.1　隔山打牛(碰撞中的动量守恒定律)

1. 问题思考

"隔山打牛"是中国武术中传说的一种可以隔着一段距离用拳掌攻击,将人击倒的功夫。物理中也有个隔山打牛的行家,它就是牛顿摆。你知道牛顿摆的小钢球在下摆时撞击到静止的小钢球时会发生什么现象吗?它们符合什么规律呢?

我们可以利用日常生活中的玻璃珠或者小钢珠,模拟牛顿摆,来完成一些有意思的碰撞游戏。简单的物件,简洁的设计,却能巧妙揭示自然界中两大守恒思想。

2. 搜集证据

（1）实验器材

7颗(及以上)同样规格的小钢珠,一张台面尽可能光滑的桌子,两本有一定厚度的书,两把直尺,手机、相关软件,如图 7-23 所示。

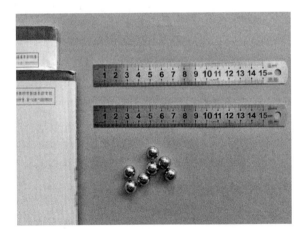

图 7-23

（2）实验过程

① 将两本书书脊间隔合适的距离平行放置,将两把直尺沿书脊边线放置,构建一个凹槽。

② 让一颗小钢珠 B 在凹槽内保持静止不动,然后在离开它 10 cm 的位置放置另一颗小钢珠 A。用手指沿凹槽推动小钢珠 A,撞击静止的小钢珠 B。观察到钢珠 B 沿凹槽朝另一端运动,而钢珠 A 近乎停止运动。

③ 让两颗小钢珠 B、C 在凹槽内保持静止不动,然后在离开它 10 cm 的位置放置另一颗小钢珠 A。用手指沿凹槽推动小钢珠 A,撞击静止的小钢珠,观察并记录被撞出的

小钢珠数量。

④ 逐次增加静止不动的小钢珠数量(到 6 颗为止),始终用一颗小钢珠 A 去撞击,观察并记录现象。

⑤ 将手指沿凹槽推动小钢珠的数量调整为 2 颗,被撞击的小钢珠从 1 颗逐次增加到 5 颗,观察并记录现象。

⑥ 将手指沿凹槽推动小钢珠的数量调整为 3 颗,被撞击的小钢珠从 1 颗逐次增加到 4 颗,观察并记录现象。

⑦ 利用手机录制步骤②到⑥的视频,通过软件计算撞击前后小钢珠的速度,如图 7 - 24 所示。

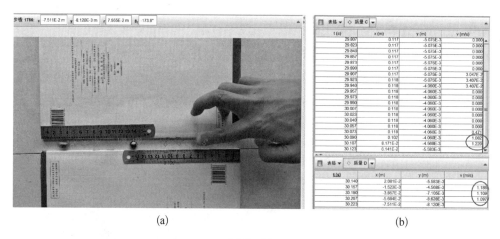

(a)   (b)

图 7 - 24

⑧ 将实验过程中静止的钢珠数、撞击的钢珠数、速度 v_1、撞飞的钢珠数 n、速度 v_2 分次记录成表格形式(表 7 - 1),便于分析。

表 7 - 1

静止的钢珠数	撞击的钢珠数	速度 v_1	撞飞的钢珠数 n	速度 v_2
1	1			
2	1			
3	1			
4	1			
5	1			

续　表

静止的钢珠数	撞击的钢珠数	速度 v_1	撞飞的钢珠数 n	速度 v_2
1 2 3 4 5	2 2 2 2 2			
1 2 3 4	3 3 3 3			

3. 结果解释

推动1颗小钢珠以某速度撞击其他静止的小钢珠后,无论中间的小钢珠数量是多还是少,都是最后1颗小钢珠与第1颗小钢珠交换速度。推动2颗小钢珠以某速度撞击其他静止的小钢珠后,无论中间的小钢珠数量是多还是少,都是最后2颗小钢珠跟最初的2颗小钢珠交换速度。推动3颗小钢珠以某速度撞击其他静止的小钢珠后,无论中间的小钢珠数量是多还是少,都是最后3颗小钢珠跟最初的3颗小钢珠交换速度。

"隔山打牛"实验利用了动量守恒和能量守恒,小钢珠碰撞可以认为是完全弹性碰撞。小钢珠质量相等,碰撞后第1颗小钢珠的动量与能量立即传递到第2颗上,然后静止。第2颗小钢珠在极短的形变距离内将动量与能量传到第3颗,自己停下。依次类推,直到最后1颗小钢珠获得了动量与能量后弹出。2颗和3颗小钢珠的撞击组合也是如此。

4. 讨论交流

(1) 两颗质量相等的小钢珠,为什么第1颗小钢珠以一定速度碰撞静止的第2颗小钢珠,两者的速度会发生交换呢?

答:由于碰撞过程中两颗钢珠间的作用力远大于系统所受外力,且小钢珠碰撞后能完全恢复原状,可认为这两颗质量相同的小钢珠发生完全弹性碰撞。

假设两个钢珠碰撞前后速度的变化如图7-25所示。

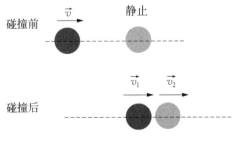

图 7-25

由动量守恒可得 $m\vec{v}+0=m\vec{v_1}+m\vec{v_2}$ ……①

由能量守恒可得 $\frac{1}{2}m\vec{v}^2+0=\frac{1}{2}m\vec{v_1}^2+\frac{1}{2}m\vec{v_2}^2$ ……②

联立①②得 $\vec{v_1}=0$，$\vec{v_2}=\vec{v}$，由此可得两球速度交换的结论。

（2）在真实实验过程中，会发现用 2 颗小钢珠去撞击静止钢珠后，被撞出的小钢珠会发生分离现象，是什么原因导致的呢？

答：事实上，由于存在摩擦力、小钢珠之间的碰撞并不是完全理想的弹性碰撞等，会有一定的能量损失，因此被撞出的多颗小钢珠由于速度略有不同而发生分离，以及最后被撞出的小钢珠速度略小于碰撞前小钢珠的初速度。

5. 延伸拓展

查阅牛顿摆实物装置或者相关资料，了解其构成，并分析其摆动过程中的能量变化。

[7-13] 选择性必修 1.2　振动的碗（机械波的形成）

1. 问题思考

声音是如何产生并传播的呢？

我们可以利用家中常见物品来探究声波产生的原理和条件。

2. 搜集证据

（1）实验器材

一个玻璃瓶，一只碗，一根筷子。

（2）实验过程

① 将玻璃瓶放在桌子上。

② 将碗倒扣在瓶子上，并使其保持平衡。

③ 将耳朵靠近碗，然后用筷子的一端敲击碗。

④ 再次用筷子的一端敲击碗，但是这次要用手指捏住碗的边缘。

3. 结果解释

步骤③中，可以听见声音，步骤④中听不见声音。

碗的振动在空气中传播导致听到了声音。当用手捏住碗的边缘时，碗就不会振动，也就听不到声音了。

4. 讨论交流

(1) 在水中为什么能听到岸上的声音？

答：声音在岸上通过空气传播，碰到水面会发生反射和折射，一部分进入水中，就像光从岸上照射水面类似。

(2) 不敲钟了，在远处为什么还能听到钟声？

答：钟的振动停止了，但之前发出的声波还在继续向远处传递能量，直到耗尽。

[7-14] 选择性必修1.2　水面波纹（机械波的传播特征）

1. 问题思考

向水中扔一颗石子可以引起水波，你观察过水面波纹的样子吗？

请你创设情境，仔细观察现象，并思考水面波纹有什么特征，如何解释。

2. 搜集证据

(1) 实验器材

水池，小石头，树叶（若干片）。

(2) 实验过程

① 先在水面上放几片树叶，然后把小石头扔进池中，观察水面形成的图样。

② 观察水面漂浮的树叶的运动特征。

3. 结果解释

我们能看到水面产生圆形波纹，持续向外传播，水面上的树叶随波起伏。

水波是某处水产生的振动（如你把一个石子投入水中）在水中的传播过程。波的传播具有独立性，不会被其他波所影响，波传播的是振源振动的形式而不是介质。

4. 讨论交流

(1) 为什么我们可以看到河里的树叶会随着水波起伏并漂流到其他地方呢？

答：河里的水同时会发生波动和流动，波动引起树叶上下起伏，流动使树叶漂流。

(2) 当两个独立的水波纹相遇时，波纹有什么影响？

答：两列水波在传播过程中相遇，彼此穿过，互不影响，这体现了波的独立传播原理。

5. 延伸拓展

如果在两个落水点持续产生波纹,你会观察到什么现象?

[7-15] 选择性必修1.2 振动的水(机械波的干涉)

1. 问题思考

水波是如何形成的呢?

敲一下音叉,会发出声音,把音叉放入水中,水会产生什么现象?

2. 搜集证据

(1) 实验器材

一个音叉,一个锤子,一碗水。

(2) 实验过程

① 用锤子敲击音叉,记录听到的声音。

② 将音叉迅速放入水中(图7-26),观察水面波纹的形成及变化。

3. 结果解释

步骤①后,我们会听到一个单音,因为固定的音叉只能发出一个频率的声音。

图7-26

步骤②后,我们还能看见水喷溅并形成小波浪。

用锤子敲击音叉后,音叉会因为振动而发出声音。当音叉没入水中后,音叉振动引起水的振动,使周围的水逐渐振动形成水波。当水波占满整个水面时产生反射,与反射前的波产生干涉,形成干涉波纹。

4. 讨论交流

(1) 不同音叉发出的声音和水面的变化之间存在什么关系?

答:不同的音叉产生的波纹间距不同。

(2) 用不同类型的音叉做同样的实验,会出现哪些不同的实验现象?

答:由于不同类型的音叉产生不同频率的声音,最终的干涉波纹是不同的。

5. 延伸拓展

还有什么方法让声音可视化?

[7-16] 选择性必修 1.3　有魔法的水(光的折射)

1. 问题思考

水不仅是生命之源,而且还具有某种"魔法"。给你一杯水,能否让一支笔"折而不断",让"消失"的硬币重新浮现,让箭头"反转"?

请你利用水及生活中一些常见物品展现水的魔法,并思考其中有什么玄机。

2. 搜集证据

(1) 实验器材

水,一个玻璃杯,一根筷子,一枚硬币,笔,画有箭头的白纸。

(2) 实验过程

① 在玻璃杯内装大半杯水,将一根筷子斜插入水中,观察并记录实验现象。

② 将硬币放在桌子上,玻璃杯放在硬币上,向杯中倒水,观察并记录实验现象。

③ 将画有箭头的纸放在装有水的杯子后面,如图 7-27 所示,观察并记录实验现象。

图 7-27

3. 结果解释

将筷子插入水中后,发现筷子看上去像被折断了。随着水缓缓加入,玻璃杯下的硬币神奇地"消失"了。将纸放在水杯后面,原本指向右边的箭头反向了!

以上实验现象可以用光的折射规律解释,即光从一种介质斜射入另一种介质中,由于光在两种介质中的传播速度不同,在两种介质的交界处光传播的方向发生改变。

　　步骤①中,由于空气和水是两种不同的介质,水的折射率比空气大,光在水中的传播速度比空气中的慢。来自筷子的光线从水中射入空气时,在界面上发生偏折后进入眼睛,所以筷子看起来就好像弯折了一样。

　　步骤②中,来自硬币的光经过玻璃、水和空气时,发生多次折射,最终无法到达眼睛,所以硬币就"消失"啦!

　　步骤③中,加水的玻璃杯相当于一个凸透镜,光线折射之后形成了一个与物完全相反的像。

4. 讨论交流

　　(1) 炎热的夏天,公路上经常会出现海市蜃楼之类的现象,你能尝试解释该现象产生的原因吗?

　　答:海市蜃楼是一种光的折射现象,通常在炎热的夏天出现。当太阳照射在地面上时,地面受热并加热了空气,使得空气密度逐渐降低。这导致空气层之间出现了不同的折射率,从而引起光线的折射。

　　在海市蜃楼现象中,当光线经过密度不断变化的空气层时,它的传播路径会发生曲折。当光线经过一个折射率较高的空气层时,它会向上弯曲,而经过折射率较低的空气层时则会向下弯曲。这种折射现象会导致我们看到地面上的物体出现位置的变形和扭曲,就好像它们在水平面上产生了镜像。

　　(2) 光线从一种物质斜射入另一种物质时,传播方向的偏折满足什么样的特点呢?

　　答:当光线从一种物质斜射入另一种物质时,传播方向的偏折遵循斯涅尔定律,也称为折射定律。这个定律可以用以下公式表示:$n_1 \sin \theta_1 = n_2 \sin \theta_2$。

　　其中,n_1 和 n_2 分别表示两种物质的折射率,θ_1 是入射角(入射光线与法线之间的夹角),θ_2 是折射角(折射光线在另一种物质中与法线之间的夹角)。

[7-17] 选择性必修 1.3　会弯曲的光(光的全反射)

1. 问题思考

　　小孔成像、影子的形成、日食、月食、激光准直等生活中的各种实例无不证明,光是沿着直线传播的。但是我们的身边也有这样的一些现象,比如喷泉灯光秀。光随着喷出的水柱左边"弯弯腰",右边"弯弯腰",配合上优美的音乐,吸引了无数人驻足观看。

在喷泉灯光秀中,光随着水柱发生弯曲! 难道光并不总是沿着直线传播吗? 请跟我来一探究竟吧!

2. 搜集证据

（1）实验器材

一个塑料瓶,一个圆规,激光笔。

（2）实验过程

① 在塑料瓶身上靠近底部 6 cm 左右的位置,用圆规的针尖戳 1 个小孔,孔径约 2 mm,并尽量让小孔边缘圆滑。

② 将戳有小孔的塑料瓶放在桌子或升降台边缘。

③ 往塑料瓶中灌入大半瓶清水,并确保液面高于小孔的位置。

④ 用激光笔隔着塑料瓶,平直地从另一边对准小孔的位置照射,并观察水柱及光线变化,如图 7 - 28 所示。

图 7 - 28

3. 结果解释

激光沿直线到达塑料瓶的小孔,随后沿着水流的方向变成一条弯曲的红色光线。

在同种均匀介质中,光线沿直线传播。当光线从一种介质斜射入另一种介质后,光线会在两种介质的交界处发生反射和折射。光线从光密介质进入光疏介质,当入射角超过临界角后,光线不再发生折射,而是发生全反射。

激光进入水流后,在水流与空气交界处,即水流的内表面发生了多次连续的全反射,沿着锯齿状的折线在水流内部传播,仿佛被水流裹住。从宏观角度看,激光仿佛发生了偏转。

4. 讨论交流

（1）既然实验能够观察到光可以弯曲,是否意味着"光沿直线传播"的说法不正确呢?

答:光在传播时会受到介质的折射影响,而不是真的弯曲了。当光线从一种介质（例如水）进入另一种介质（例如空气）时,由于介质的折射率差异,光线会改变传播方向。这使得我们观察到光线似乎弯曲了,但实际上是由于光线在不同介质之间的折射所致。

（2）查阅资料可知，水的临界角为 48.8°，请说明该角度的含义。

答：水的临界角是指光线从水射向另一种介质（通常是空气），不再折射而发生全反射时入射角的最大值。当光线从水射向空气时，如果入射角小于临界角，光线会在水和空气的交界面上发生折射，部分光线穿过交界面进入空气中。然而，当入射角等于临界角时，光线的折射角变成 90°，光线垂直于交界面，并且不再传播到空气中，而是发生全反射，又返回水中。

[7-18] 选择性必修 2.1   会跑的魔术管（安培力）

1.问题思考

电流在磁场中会受到安培力的作用，将电能转化为机械能，根据这一原理人们发明了不同类型的电动机。那么如何利用身边的器材制作简易的电动机呢？

2.搜集证据

（1）实验器材

一节干电池，2 个直径 18 mm 的圆形强力磁铁，一张锡箔纸，胶水。

（2）实验过程

① 将锡箔纸卷成一个圆管（魔术管）。

② 将圆形强力磁铁分别吸附在干电池的两端。

③ 将吸附有磁铁的干电池放入魔术管中，观察现象，如图 7-29 所示。

3.结果解释

实验发现，魔术管会向前滚动。

图 7-29

磁铁吸附在干电池两端提供磁场，干电池、磁铁、魔术管构成了闭合电路。电流在磁场中受到磁场力的作用，使得由锡箔纸构成的魔术管发生滚动。

4.讨论交流

（1）电动机是我们生活中不可或缺的重要器件，哪些器具会用到电动机呢？

答：生活中用到电动机的地方有很多，如冰箱压缩机里有电动机，洗衣机靠电动机洗衣服，油烟机里的风机靠电动机带动，汽车、摩托车里面有发电机和启动电机，小区里的加压水泵、电动车靠电动机驱动……（举例合理即可）

（2）电动机在使用的过程中,可以实现电能100%利用吗? 为什么?

答:不能。因为在电动机工作过程中,由于电流的热效应,会有少量的内能产生,电动机不可能将电能全部转化为机械能,因此效率不可能达到100%。

5. 延伸拓展

本实验主要是利用干电池、强磁铁、锡箔纸制作出了一个简易电动机,你还能利用身边常见的器材制作出其他电动装置吗? 请尝试动动手。

[7-19] 选择性必修 2.1   飞舞的灯丝(安培力)

1. 问题思考

白炽灯在通电之后发出明亮的光,照亮黑夜。如果将一个磁铁靠近它,你会看到怎样的现象? 产生这种现象背后的原因是什么呢?

这涉及电与磁的关系,我们设计了如下实验来探究影响安培力方向的因素。

2. 搜集证据

（1）实验器材

带灯座插头的白炽灯(钨丝、透明灯泡),蹄形磁铁。

图 7-30

（2）实验过程

① 将带灯座的白炽灯插到家庭电路的插座中(注意安全)。

② 接通电源,白炽灯的灯丝发光。

③ 将蹄形磁铁按图 7-30 所示方式置于灯泡外。

（a）保持蹄形磁铁位置不动,通电之后发光的白炽灯的灯丝在蹄形磁铁的磁场中发生抖动。

（b）围绕蹄形磁铁的对称轴,将磁铁缓慢转动90°,通电的白炽灯灯丝抖动的方向也发生变化。

3. 结果解释

家庭电路中使用的是交流电,电流方向不断地发生周期性变化。保持蹄形磁铁的位置不变,通有交变电流的灯丝在蹄形磁铁所提供的磁场中受到安培力的作用,且灯丝受到安培力的大小、方向都随时间发生周期性变化,因此,我们会看到灯丝飞舞的现象。这一现象说明安培力的方向与电流方向有关。

当灯泡周围的磁场方向发生变化时,灯丝所受磁场力的方向发生改变,因此抖动也会发生变化。这说明安培力的方向与磁场方向有关。

4. 讨论交流

(1) 在将磁铁放到发光的白炽灯的周围时,能量将如何转化?

答:通电的白炽灯在不断消耗电能,将磁铁放到发光的白炽灯的周围时,电能转化为灯丝振动的机械能、内能和光能。

(2) 在实验过程中,涉及哪些物理概念和规律?

答:在实验过程中涉及磁场、安培力,包括蹄形磁铁在灯泡周围产生磁场,灯丝中的交变电流在磁场中受到磁场力(安培力)的作用。

5. 延伸拓展

若有磁传感器,可以用来记录灯丝周围磁场的变化情况,能更好地了解"电生磁"的规律。

[7-20] 选择性必修3.1　测黄豆的直径(估测分子大小)

1. 问题思考

组成物质的分子是很小的,不仅用肉眼无法看到,而且用高倍的光学显微镜也观察不到。直到20世纪80年代,人类首次使用可放大上亿倍的扫描隧道显微镜观察到单个的分子或原子。那分子到底有多大呢? 实验室中是否有方法可以测出分子大小呢?

我们可以先通过测量一粒黄豆的直径来类比如何测量油酸分子的直径,学习用宏观量间接测量微观量的方法。

2. 搜集证据

(1) 实验器材

一袋黄豆,家用量米杯(或量筒),一个浅塑料盒,透明塑料片,黑笔,直尺,剪刀,如图7-31所示。

(2) 实验过程

① 用剪刀将透明塑料片修剪成矩形。

② 用黑笔和直尺在透明塑料片上画出若干个每格为 $1\ cm^2$ 的方格。

③ 用量杯测出适量黄豆的体积 V。

④ 再将这些黄豆在水平浅塑料盒中紧密平摊成一层。

⑤ 用每格为 $1\,\mathrm{cm}^2$ 的透明方格板数出黄豆所占的面积 S,如图 7-32 所示。

图 7-31

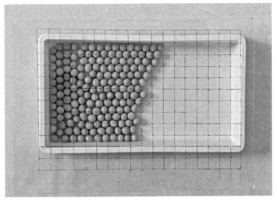

图 7-32

3. 结果解释

带入公式 $d=\dfrac{V}{S}$,估测出黄豆的直径。

通过探究测量宏观量黄豆直径的实验,类比如何测量油酸分子的直径。

4. 讨论交流

想一想,还有哪些方法可以测出一粒黄豆的直径?

答:有 3 种方法。

方法 1:把 N(如 $N=100$)粒黄豆紧密排成一排,用米尺量出其长度 L,即可求直径 $D=\dfrac{L}{N}$。

方法 2:用量筒量出 N 粒(N 适当取大些,如几百)黄豆的总体积 V,先求出一粒黄豆的体积 $V'=\dfrac{V}{N}$,再根据球体体积公式求出黄豆的直径。

方法 3:用量筒量出一定体积 V 的黄豆,把黄豆平摊成矩形形状的一薄层,用尺测出矩形的长 a 和宽 b,算得薄层面积 $S=ab$,再求出黄豆薄层的厚度 $d=\dfrac{V}{S}$,此厚度即为黄豆的直径。

5. 延伸拓展

上述实验中用每格为 $1\,\mathrm{cm}^2$ 的透明方格板数出黄豆所占的面积 S 时,如果不足半格或超过半格,如何计算? 读数时又需要注意什么?

[7 - 21] 选择性必修 3.1　听话的小瓶/简易浮沉子(气体的等温变化)

1. 问题思考

你在电影或电视剧中看到过潜水艇吗? 你知道潜水艇为什么既能浮于水面,又能潜入水中吗? 它是怎么实现上浮和下潜的呢?

下面,就让我们简单了解一下潜水艇的工作原理。

2. 搜集证据

(1) 实验器材

一个塑料瓶(500～1 000 mL,透明有盖),一个口服液小瓶,一个注射器。

(2) 实验过程

① 在塑料瓶中装入一定量的水,注意水尽量装得满一些。

② 再用注射器向口服液小瓶中压入适量的水$\left(\dfrac{1}{2}\sim\dfrac{3}{5}\text{的量}\right)$,使之放入水中时只有少部分露出水面。

③ 把口服液小瓶放入塑料瓶中,然后盖紧瓶盖,尽量做到不漏气,如图 7 - 33 所示。

图 7 - 33　　　　　　　图 7 - 34

④ 用力挤压塑料瓶,观察口服液小瓶的运动;撤去压力后,再观察口服液小瓶的运动。若用力得当,可使口服液小瓶静止在水中某一位置。

3. 结果解释

用力挤压塑料瓶,可看到口服液小瓶下沉(图 7-34)。撤去压力,可看到口服液小瓶上浮。

当用力挤压塑料瓶时,瓶内气体部分体积减小,气压增大,会有一部分水被压入口服液小瓶,使小瓶内气体体积减小,浮力减小,重力大于浮力,小瓶下沉。撤去压力时,塑料瓶内气压变小,口服液小瓶中会有一部分水流出,使小瓶内气体体积增大,浮力增大,浮力大于重力时,小瓶上浮。用力得当,会使口服液小瓶中的水适量,重力恰等于浮力,小瓶就会静止在水中某一位置。潜水艇就是这样实现上浮和下潜的。

4. 讨论交流

请从微观角度解释,为什么一定质量的气体在温度不变时,体积与压强成反比?

答:一定质量的气体,在温度不变时,如果体积减小,那么单位时间内单位面积上撞击的分子数目增大,所以压强增大。

5. 延伸拓展

仔细观察小瓶的运动,当挤压塑料瓶时,为什么小瓶没有立刻下沉呢?

[7-22] 选择性必修 3.1　纸片托住杯中的水(气体的等温变化)

1. 问题思考

你相信纸能托住水吗? 我可不相信,那薄薄的一张纸怎么能够托住水呢? 纸一遇水不就会湿透吗?

接下来就让我们一起见证奇迹吧!

2. 搜集证据

(1) 实验器材

一张纸,一次性杯子,水。

(2) 实验过程

① 在杯中倒满水。

② 将纸贴紧在装满水的杯口上。

③ 用手掌压住纸,同时把杯子倒转过来,使杯口朝下(建议将杯子置于盆上方,防

止因操作不当有水洒出),待稳定后观察现象。

3. 结果解释

用手掌压住纸,同时把杯子倒转过来,使杯口朝下,纸不会掉下来,水也不会漏出来。

因为大气压对在杯口处的纸产生了一个向上的压力。由于大气压很大,所以产生的压力也比较大,足以托住杯中的水。

4. 讨论交流

仔细观察,杯子倒过来时,托住水的纸是凹进水那边,还是凸出向空气这边? 为什么?

答:因为大气压产生的力比较大,所以托住水的纸有些许凹进水那边。

5. 延伸拓展

尝试用纸片托住半杯水,并计算出封闭气体的压强。

[7-23] 选择性必修 3.1   能抓住气球的杯子(气体的等容变化)

1. 问题思考

炎热的夏天,给汽车轮胎充气时,为什么一般都不充得太足呢? 冬季,装有半瓶水的暖瓶经过一个夜晚,为什么第二天拔瓶塞会觉得费力呢?

你能用一个小杯子轻轻倒扣在气球表面,把气球吸起来吗?

2. 搜集证据

(1) 实验器材

气球,玻璃杯,暖水瓶,热水少许。

(2) 实验过程

① 将气球吹气并且绑好。

② 向杯中倒入半杯热水(注意安全),热水在杯中停留 10~20 s。

③ 把水倒出来,立即将杯口紧密地倒扣在气球表面。

④ 按住杯子一段时间后,再次提起杯子,就可以把杯子连同气球一块提起,如图 7-35

图 7-35

所示。

3. 结果解释

预热后的杯子倒扣在气球表面一段时间后,再次提起杯子,杯子就会和气球连在一起。

一定质量的气体,在体积不变时气体压强与温度成正比。通常情况下杯子无法将气球吸起来,但是预热过的杯子紧密地倒扣在气球表面一段时间后,杯子内的气体逐渐冷却,压强降低,在外界大气压的作用下杯子就可以吸住气球了。

4. 讨论交流

请从微观的角度来解释上述实验现象。

答:一定质量的气体,在体积不变时,温度降低,分子平均速率减小,那么单位时间内单位面积上撞击器壁的分子数目减小,所以压强减小。

[7-24] 选择性必修 3.1　贪婪的水杯(液体的表面张力)

1. 问题思考

装满水的杯子,还能再放入其他东西吗?

接下来,就让我们一起把回形针放入装满水的杯子中,看能放入多少枚回形针而不使水溢出。

2. 搜集证据

(1) 实验器材

一个水杯,一盒回形针,水。

(2) 实验过程

① 将水杯倒满水,确保水面刚好与杯沿平齐。

② 往水杯中逐个放入回形针。我们可以借助另一个回形针,如图 7-36 所示,让回形针尽量与水面平行入水,如图 7-37 所示。

③ 记录放入的回形针数量,直到水刚好溢出水杯。

3. 结果解释

当我们往装满水的杯子中逐个放入回形针后,杯中的水面逐渐像山丘一样慢慢隆起,但是水却不会溢出来,而且回形针还可以放置在水的表面而不沉底。

这是由于水的表面张力的存在。

图 7-36　　　　　　　　图 7-37

4.讨论交流

请从微观角度解释水的表面张力现象。

答：液体跟气体接触的表面存在一个薄层,叫作表面层。表面层里的分子比液体内部稀疏,分子间的距离比液体内部大一些,分子间的相互作用表现为引力。就像你要把弹簧拉开些,弹簧反而表现具有收缩的趋势。

5.延伸拓展

为什么要逐个放入回形针,能否将一大把快速地扔进去?

[7-25] 选择性必修 3.1　有孔纸片也能托住水(液体的基本性质)

1.问题思考

有孔的东西是不是都会漏水呢?

现在你将看到,一张满是小孔的薄纸片居然能托起 0.5 kg,甚至 1 kg 的水,却滴水不漏。

2.搜集证据

(1) 实验器材

一次性杯子,牙签,半张 A4 纸,水。

（2）实验过程

① 用牙签将纸戳出一些小孔。

② 在杯中倒满水。

③ 将纸贴紧在装满水的杯口上。

④ 用手掌压住纸，同时把杯子倒转过来，使杯口朝下（建议将杯子置于盆上方，防止因操作不当有水洒出），待稳定后观察现象。

3. 结果解释

用手掌压住纸，同时把杯子倒转过来，使杯口朝下，纸不会掉下来，而且水也未从孔中流出来。

薄纸片能托起杯中的水，是因为大气压作用于纸片上，产生了向上的托力。小孔不会漏出水来，是因为水有表面张力，水在纸的表面形成薄膜，使水不会漏出来。

4. 讨论交流

尝试将纸上的孔变大，纸还能托住水吗？

答：小孔太大的话，水就会从小孔漏出来。

5. 延伸拓展

结合实验，解释为什么雨伞布有孔也不会漏雨。

第八章

促进"对话建构"的实验设计

促进"对话建构"的实验,主要是针对"主动初探"后进一步提出的问题和作出假设的"验证实验",并在对话和实验的循环中完成对知识的深层建构。因此,此类实验是促进学生发展高阶思维、形成物理观念的关键,是深度学习的关键层,起到承前启后的作用。

一、实验设计方法

"验证实验"的设计,关键是在对话中引导学生提出可验证的假设;基本设计方法是控制变量法,困难在于选择合适实验器材进行定性或定量验证。如果作为学生自主活动,还需要充分考虑实验操作的简单易行,实验结果的直观可靠。由于师生对话的开放性和创新性,我们要考虑可能存在的多种猜想假设的实验验证,可以分组开展合作探究。唯有开放的猜想假设和足够的实验验证,才能让学生真正建构完整深刻的概念或规律。

基于五要素设计框架,"验证实验"的设计流程通常包括以下六个环节。

第一,明确探究问题,提出可验证的推论假设。第二,采用控制变量法设计实验,确定需要控制和改变的变量,选择相应的实验器材和测量工具。第三,制订可行的实验操作步骤,并在实验操作中记录数据。第四,通过数据分析得出结论,证实或证否推论假设。第五,组织师生、生生对话,建构新知识,完善知识结构。第六,如果能提出进一步猜想假设,可持续开展"验证实验"。

二、实验案例解析

下面以"自由落体运动"概念建构为例,介绍相关"验证实验"的设计方法。

课标要求是"1.1.4　通过实验,认识自由落体运动规律"。因此,实验是建构"自由落体运动"概念的重要基础。在"描述生活中的落体运动"为主题的"主动初探"基础上,组织开展师生对话,引导学生从历史回眸、已有经验、观察推理等方面提出进一步的猜想假设。

假设一:伽利略通过归谬法得出结论,轻重不同的物体下落快慢相同。

假设二:伽利略基于实验和逻辑外推出自由落体运动与斜面上铜球的运动规律相似。

假设三:自由落体运动是初速度为零、加速度为重力加速度的匀加速直线运动。

针对上述假设,我们设计了两个学生自主实验,模拟"比萨斜塔实验"和小心手机"自由落体",穿插在师生对话过程中,验证学生的猜想假设。

【案例 1】必修 1.1　模拟"比萨斜塔实验"(伽利略对自由落体运动的研究)

1. 问题思考

亚里士多德有一个非常著名的论断:重的物体下落快,轻的物体下落慢。他的"权威论断"和生活中的部分现象吻合。此后近 2 000 多年,几乎没有人怀疑过这个"真理"。终于有一天,一个勇敢的年轻人对此提出了质疑,这个人就是伽利略,于是就有了"比萨斜塔实验"的故事。轻重不同的物体,是否真的会同时落地? 让我们用乒乓球模拟一下"比萨斜塔实验"吧。

2. 搜集证据

(1)实验器材

两个相同大小的乒乓球,一个针管,水。

(2)实验过程

① 用针管分别向两个乒乓球里注入不同质量的水。

② 将两个乒乓球置于同一高度,同时由静止释放。

③ 观察两个乒乓球下落的快慢情况。

④ 用针管向两个乒乓球里注入相同质量的水。

⑤ 再次让乒乓球从同一高度同时由静止释放。

⑥ 再次观察两个乒乓球下落的快慢情况。

3. 结果解释

实验中可以观察到,两个质量相同或不同的乒乓球从同一高度下落,几乎同时落地。

因为物体的下落快慢与质量无关,只取决于空气阻力的影响。如果阻力影响足够小,质量不同的物体下落几乎一样快。

4. 讨论交流

为什么生活中质量不同的物体下落快慢会有不同?

答:自由落体运动有两个特征,① 物体由静止开始下落,② 运动过程中只受重力作用(不计空气阻力等其他力影响)。因此,从同一高度自由下落,不同质量的物体下落快慢是相同的,落地时间也相等。但在实际生活中,因为有空气阻力的影响,且空气阻力与物体和空气的接触面积、下落快慢有关,因此在一定程度上影响了物体下落的快慢。我们可以用纸片和纸团实验来说明空气阻力对运动的影响。

【案例解析】

针对"比萨斜塔实验",有同学查阅文献后认为,这只是一个传说故事,实验未必真实存在。因此本实验的意义在于对历史故事本身科学性进行实验验证。为此,我们选用乒乓球做实验,控制空气阻力对两球下落的影响,可以较好展示自由落体运动的特征。"问题思考"可以从多角度切入阐述实验的意义和价值。

实验选择对乒乓球注水,既可以改变球的质量,又可以做到大小、形状几乎相同,减少由此产生的空气阻力差异,较好实现控制变量。实验器材容易获得,操作也简单易行,实验效果也非常明显,在肉眼可见范围内,它们几乎同时落地。"搜集证据"要充分考虑学生自主完成实验的可行性和观察现象的效果。

"讨论交流"重在引导学生反思实验过程和结果。如本实验中进一步追问现象背后的原理,如空气阻力的影响,并通过纸团实验感受阻力的作用效果,有助于建构自由落体运动概念。

针对假设二和假设三,我们可组织学生完成下面的自主实验。

【案例2】必修1.1　小心手机"自由落体"(重力加速度)

1. 问题思考

智能手机在生活中已被广泛使用,随之热销的还有手机贴膜以及防摔手机壳。即便如此,使用时也难免发生手机掉落地上的情况。你知道手机下落时做什么运动吗?它的加速度有多大?我们可以用手机及自带的加速度传感器测量一下,记得实验操作中要保护好手机哦!

2. 搜集证据

（1）实验器材

手机及相关软件，缓冲海绵。

（2）实验过程

① 打开软件，点击"加速度（不含 g）"，选择"绝对值"测量，如图 8-1 所示。

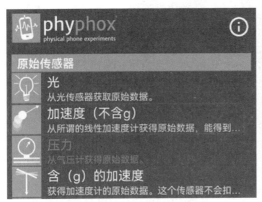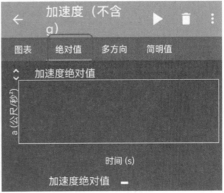

图 8-1

② 点击手机屏幕右上角的三角形符号，开始测量。

③ 捏住手机顶部保持静止，让手机从某一高度竖直下落。

④ 落地后，点击手机屏幕上的暂停键，停止测量。

⑤ 点击加速度-时间图像，点击屏幕下方"选取数据"，便可得到各个时刻的加速度大小，如图 8-2 所示。

3. 结果解释

在约 22.43—22.85 s 时间段内，手机下落的加速度近似不变。通过选取加速度-时间图像的数据点，可得手机自由落体运动的加速度约为 $9.63\ \mathrm{m/s^2}$。

手机由静止释放，空气阻力较小，可认为手机的运动近似为自由落体运动。因此，手机在下落过程中的加速度近似等于重力加速度。

4. 讨论交流

（1）在生活中，还有哪些物体的运动可近似看成自由落体运动？

答：熟透的苹果从树上掉落，花盆从阳台上掉落等。

（2）在手机底部绑上重物，使其从同一高度处下落，测量出来的重力加速度会有偏差吗？你可以设计实验验证你的猜想。

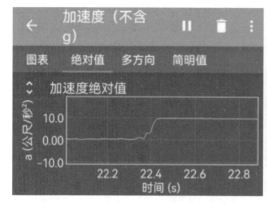
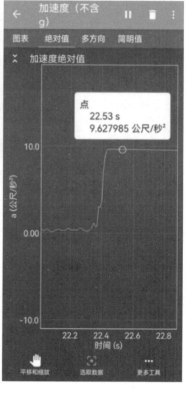

图 8-2

答：无明显偏差。不同质量的物体从同一高度下落做自由落体运动的加速度是相同的。

（3）请你估算一下，手机从你手里滑落后，落地的速度为多大？

答：假设手机下落为自由落体运动，位移与速度的关系满足 $v^2 = 2gh$，其中 h 为下落高度。若下落高度为 $1\,\mathrm{m}$，g 取 $9.8\,\mathrm{m/s^2}$，则落地速度约为 $4.4\,\mathrm{m/s}$。

【案例解析】

建构自由落体运动模型的难点是让学生理解在忽略空气阻力的情况下，物体下落过程的加速度近似等于重力加速度。由此外推，只受重力作用时，其加速度就等于重力加速度。

从手机防摔引入问题更能吸引学生参与实验。为了进一步建构自由落体运动的运动规律，选择手机并利用其中的加速度传感器作为实验器材既简单又高效。通过特定 App 可以方便观察手机自由下落过程中的加速度变化及数值,进一步理解自由落体运动的运动特征。

由于手机几乎人人都有,相关 App 也可以免费下载,且实验操作难度不高,所以本实验基本上人人都可以完成。实验所得加速度数据曲线,如图 8-2 所示,直观且可读,测得的加速度值也比较接近重力加速度 g 的均值。因此本实验较好地展示了自由落体的匀变速直线运动特点,以及重力加速度特征。

受此启发,自主实验设计可充分利用手机中的各类传感器(加速度、声、光、磁、陀螺、红外等),既方便又高效,而且测量数据通常能满足自主实验要求。

"讨论交流"中的问题设计通常引导学生反思实验原理、过程及结果,培养元认知和反思的习惯。问题(1)有助于学生理解自由落体运动概念,问题(2)对手机下落过程中空气阻力是否较大提出质疑,提供拓展实验设计,问题(3)则对手机为何要防撞的问题进行了讨论,有利于拓展实验意义,引导学生多视角建构自由落体运动规律。

综上所述,促进"对话建构"的自主实验设计,关键要把握学生在概念或规律建构过程中可能存在的认知薄弱点,然后通过具身学习、动手实验等促进深度学习的方式转变,从而促进知识结构的完善,发展科学思维与探究能力。

三、"对话建构"自主实验选编

在教学实践中,我们围绕课标开发或整合编写了很多促进单元核心概念建构的自主实验(验证实验)。

[8-1] 必修 1.1　探寻最简单的运动(匀速直线运动、速度)

1. 问题思考
生活中物体的运动通常很复杂,我们可以从最简单的运动学起,如匀速直线运动。你能否创设一个情境来展现匀速直线运动?

我们可以用一个小钢球和水平直轨道创设运动情境,拍摄运动视频,借助视频追踪分析软件分析运动学量,寻找位移、速度和加速度的变化特征。

2. 搜集证据
(1) 实验器材
小钢球,轨道,手机及相关软件。

（2）实验过程

① 用手机拍摄小球在水平轨道上的运动视频,注意手机要正对轨道拍摄。

② 用软件导入小球在水平轨道上的运动视频。

③ 点击"显示/隐藏坐标轴"选项,选取小球的初始位置为原点建立坐标系。

④ 本次实验使用轨道长度 120 cm 作为标杆,点击"定标杆"后输入长度。

⑤ 设置帧率,确定打点追踪的时间间隔。

⑥ 点击创建"质点",按住"ctrl+shift",用鼠标左键点击小球确定搜索的模型,然后点击"搜索",软件就可以对小球的运动轨迹打点追踪,从而生成小球的位移、时间、速度和加速度等数据。

⑦ 点击"分析""拟合图像"得到小球运动的 x-t 图像,如图 8-3 所示。

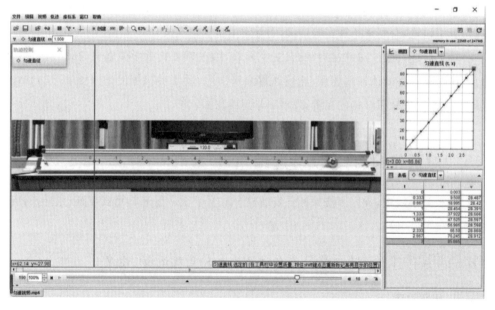

图 8-3

3. 结果解释

根据实验数据分析可得,小球近似做匀速直线运动。小球在水平轨道上运动时,相邻两点的时间差都约为 0.33 s,相应的位移差都约为 9.5 cm,x-t 图像近似为一条倾斜直线,故小球运动可近似看作匀速运动。

4. 讨论交流

（1）如何判断一个物体的运动是否接近匀速直线运动?

答：直观地看，用足够多的点描绘的 x-t 图像越接近直线，则物体的运动越接近匀速直线运动。或者在相等时间内，看位移是否接近相等；或看不同位置的瞬时速度是否近似相同；等等。

（2）如何创设近似匀速直线运动情境？

答：理想的匀速直线运动是不存在的。若轨道粗糙，可通过不断调节轨道倾角，控制物体的运动快慢，使之逼近匀速直线运动。如果我们取较短的运动时间，则物体的运动也接近匀速直线运动。

（3）基于视频分析来确定物体的运动特征，可能会产生哪些误差？

答：可能会因为相机镜头的拍摄角度、比例尺设定等因素造成视角误差。

5. 延伸拓展

物体沿斜面下滑，是否可能做匀速直线运动？请你试一试，并证明自己的判断。

[8-2] 必修 1.1 滑梯上的运动（匀变速直线运动的规律）

1. 问题思考

滑梯是我们很喜欢的一项活动。当我们从斜面上滑下时，会感到刺激和兴奋，那么我们在斜面上的运动有什么规律呢？如何用实验探究斜面上物体的运动规律？

我们可以用一个小钢球和倾斜平直轨道创设运动情境，拍摄运动视频，借助手机软件分析运动学量，寻找斜面上物体运动的位移、时间、速度和加速度之间的关系。

2. 搜集证据

（1）实验器材

小钢球，轨道，手机及相关软件。

（2）实验过程

① 用手机拍摄小球在倾斜平直轨道上的运动视频，注意手机要正对轨道拍摄。

② 用软件导入小球在倾斜平直轨道上的运动视频。

③ 点击"显示/隐藏坐标轴"选项，选取小球的初始位置为原点建立坐标系。

④ 本次实验使用轨道长度 120 cm 作为标杆，点击"定标杆"后输入长度。

⑤ 设置帧率，确定打点追踪的时间间隔。

⑥ 点击创建"质点"，按住"ctrl＋shift"，用鼠标左键点击小球确定搜索的模型，然

后点击"搜索",软件就可以对小球的运动轨迹打点追踪,从而生成小球的位移、时间、速度和加速度等数据,如图8-4所示。

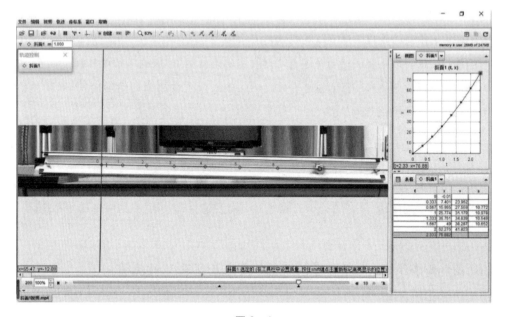

图8-4

⑦点击"分析""拟合图像"得到小球运动的 x-t 图像(图8-4左上角)和 v-t 图像(图8-5)。

⑧改变轨道倾角,重复上述步骤,获得的数据如图8-6所示。

3. 结果解释

通过视频分析可知,小球做匀加速直线运动。

小球在倾斜轨道上运动时, v-t 图像是一条倾斜直线,即相同时间内,速度变化量基本相同,加速度基本保持不变,因此小球做匀变速直线运动。

增大倾角,重复试验,小球运动的 v-t 图像仍然是一条倾斜直线,但斜率增大,故小球仍然做匀变速直线运动,但加速度变大。

4. 讨论交流

如何判断一个物体是否做匀变速直线运动?

答:直观地看,用足够多的点描绘的 v-t 图线越接近直线,物体的运动越接近匀变速直线运动,或者在相等时间内,速度变化量接近相等,加速度基本保持不变;等等。

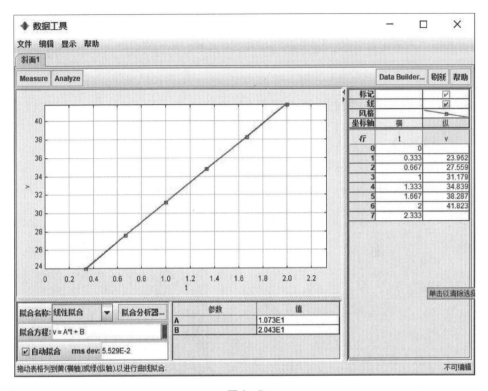

图 8‒5

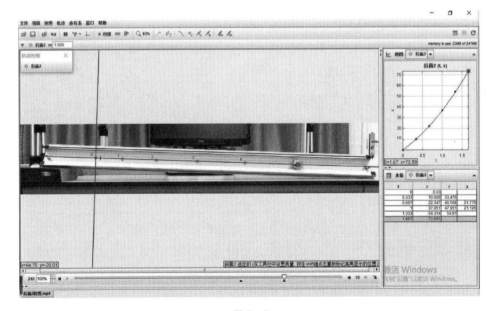

图 8‒6

5. 延伸拓展

利用本实验中的软件,还能分析哪些类型的运动? 试一试。

[8-3] 必修 1.2　橡皮筋的大不同(劲度系数)

1. 问题思考

橡皮筋是一种利用橡胶与乳胶为原材料制成的短圈,有一定的弹性,常常用来捆绑各种物体。在日常生活中,橡皮筋不仅用来捆绑各类东西,还可以用来编手链,做橡皮手枪、弹力小车,甚至可以做简单的弦乐器。

那么,除了材料、长短、粗细不同之外,橡皮筋还有哪些不同呢?

2. 搜集证据

(1)实验器材

橡皮筋,刻度尺,钩码,铁架台及附件。

(2)实验过程

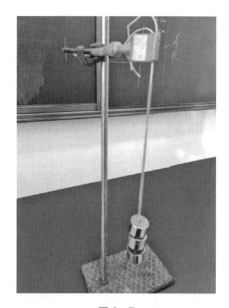

① 在铁架台的横杆上固定橡皮筋,组装成实验装置。

② 用直尺测量未挂钩码时橡皮筋的长度 x_0,并记录在数据表中。

③ 在橡皮筋下端挂上钩码,手托钩码慢慢向下移动,直到手离开钩码,如图 8-7 所示。当钩码处于静止状态时,测量橡皮筋长度 x_1,并记录在数据表中。

④ 改变钩码数量,重复步骤③。

图 8-7

⑤ 实验数据记录:橡皮筋原长 $x_0 =$ ___0.1___ m。

实验序号	钩码的质量 m/kg	钩码所受重力 G/N	悬挂钩码后橡皮筋的长度 x_1/m	橡皮筋的形变量 x/m
1	0.05	0.49	0.109	0.009
2	0.10	0.98	0.130	0.030

续　表

实验序号	钩码的 质量 m/kg	钩码所受 重力 G/N	悬挂钩码后橡皮筋的 长度 x_1/m	橡皮筋的 形变量 x/m
3	0.15	1.47	0.165	0.065
4	0.20	1.96	0.205	0.105
5	0.25	2.45	0.244	0.144
6	0.30	2.94	0.277	0.177

⑥ 实验数据处理：

以橡皮筋的弹力 F（与弹簧下端所挂钩码受到的重力大小相等）为纵轴，橡皮筋的形变量 x 为横轴建立坐标系。在坐标系中描出实验测得的各个数据点，并根据这些数据点画出 $F-x$ 图像，如图 8-8 所示。

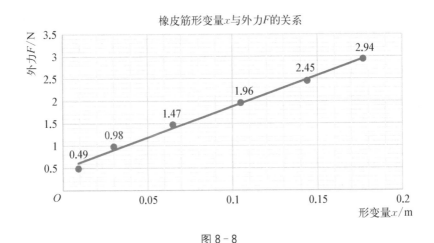

图 8-8

3. 结果解释

根据数据表格及对应的图像可得，橡皮筋的弹力 F 与形变量 x 的关系。在一定伸长范围内，橡皮筋的弹力与其形变量成正比，满足胡克定律。本次实验所用橡皮筋的劲度系数 $k=13.0$ N/m。

利用不同橡皮筋做测量劲度系数的实验，发现其劲度系数不同。

4. 讨论交流

（1）由于橡皮筋有一定弯曲，橡皮筋原长的测量数据不一定可靠，这会影响后面的实验结论吗？

答：由于橡皮筋有一定弯曲，虽然橡皮筋原长的数据不一定可靠，但是对后续测量数据导致橡皮筋的形变量产生系统性误差，使 $F-x$ 图像整体沿 x 轴方向平移，不影响对斜率的判断，得到的劲度系数仍是可靠的。

（2）比起直接用胡克定律求出劲度系数，再多次测量求平均值，图像法的优势在哪里？

答：采用直接计算求平均值的方法会因为个别数据出错而产生较大误差，但图像法可以减少上述误差，能更好地利用数据。

（3）用不同橡皮筋做实验所得到的 $F-x$ 图像有何不同？分析其原因。

答：不同组别得到的 $F-x$ 图像，斜率会不同。斜率代表劲度系数，橡皮筋不同，劲度系数一般会有所不同。

5.延伸拓展

（1）如果条件允许，运用力传感器和位移传感器重新设计本实验过程，可以在 DIS 中直接得出橡皮筋的 $F-x$ 图像，从而更便捷地得出橡皮筋的劲度系数。

（2）橡皮筋由于保存条件（光照、温度、密闭）、使用时间等原因会产生老化现象。通过控制变量法，研究橡皮筋的劲度系数与保存条件、使用时间等因素之间的关系。

[8-4] 必修 1.2　棉线断在哪里(惯性)

1.问题思考

日常生活中，当我们用力拉一根细棉线时，用不同的方式拉它，能否让棉线在不同的地方断裂？

让我们用钩码、细棉线来试一试吧！

2.搜集证据

（1）实验器材

一个铁架台，细棉线（无弹性），两个 50 g 钩码，一把直尺。

（2）实验过程

① 取一段长约 60 cm 的细棉线，一端系在铁架台上。

② 在细棉线中央处，把棉线缠绕在钩码的钩子上，多缠绕几圈，以防钩码滑落。

③ 将细棉线的另一端缠绕在直尺上（避免用手拉棉线，导致受伤）。

④ 用力缓慢地拉动直尺，观察棉线的断裂处。

⑤ 重复上述步骤①、②、③。

⑥ 用力快速地拉动直尺,观察棉线的断裂处。

3. 结果解释

你能观察到,缓慢地拉动直尺时,棉线的断裂处在钩码上方;快速拉动直尺时,棉线的断裂处在钩码下方。

缓慢拉动棉线时,力传到整根棉线中,钩码上方棉线受到的力大于钩码下方棉线受到的力,故钩码上方的棉线先断。

快速拉动棉线时,钩码的惯性较大,状态相对难以改变,故钩码上方的棉线拉力来不及增大;钩码下方棉线的惯性小,状态容易改变,拉力一下子就超过其能承受的最大值,先断了。

4. 讨论交流

(1) 如何选择棉线、钩码,实验效果会更明显?

答:要挑选容易断的,且弹性较小的棉线。本实验用两个50 g钩码,能使棉线一拉就断,效果较好。

(2) 绳子为何要缠绕在钩码的钩子上,而不是打结?

答:如果打结,则打结处易断,实验不易成功。

[8-5] 必修1.2 "上上下下"的感觉(超重和失重)

1. 问题思考

乘坐升降电梯时,在电梯启动和制动过程中,你会体验到略微超重和失重的感觉。那么,如何描述超重和失重现象呢? 产生的原因是什么呢?

这显然涉及力和运动的关系,我们可以设计实验探究电梯中物体的受力和运动特征,寻找它们之间的关系。

2. 搜集证据

(1) 实验器材

正常运行的升降电梯,一个台秤,钩码(如200 g)或其他重物。

(2) 实验过程

① 将台秤放在电梯内地板上,放上重物后观察示数。

② 让电梯由静止向上运动,然后停止运动。在此过程中,观察并拍摄台秤的读数

变化及楼层变化视频。

③ 让电梯由静止向下运动,然后停止运动。在此过程中,同样观察并拍摄相应视频。

3.结果解释

电梯由静止向上运动时,台秤示数由 200 g 增至 232.5 g,然后减至 200 g。快到六楼时,台秤示数由 200 g 减至 166.5 g,然后增至 200 g,如图 8-9 所示。

图 8-9

电梯由静止向下运动时,台秤示数由 200 g 减至 167.5 g,然后增至 200 g。快到一楼时,台秤示数由 200 g 增至 233 g,然后减至 200 g,如图 8-10 所示。

图 8-10

当电梯具有向下的加速度时,如加速向下过程或减速上升过程,钩码处于失重状态,则台秤示数小于钩码质量。当电梯具有向上的加速度时,如向上加速过程或向下减速过程,钩码处于超重状态,则台秤示数大于钩码质量。

4.讨论交流

如何解释"超重、失重"现象的产生?

答:物体对支持物的压力(或对悬绳的拉力)大于物体重力的现象为超重;物体对支持物的压力(或对悬绳的拉力)小于物体重力的现象为失重。实验中的钩码受到台秤的支持力 N 和重力 G。当电梯加速向上运行时,根据牛顿第二定律,弹力 N 大于重力 G,为超重现象;快到六层时,电梯减速,加速度向下,此时弹力 N 小于重力 G,为失重现象。因此,在电梯上行过程中,钩码先超重后失重,观察到台秤示数先增加后减小。对于电梯下行可做类似分析,可观察到台秤示数先减小后增大。

5. 延伸拓展

如果用手机中的加速度传感器测量电梯"上上下下"过程中的加速度,你能分析其中的"超重和失重"现象吗?

[8-6] 必修 2.1　哪个球让杯子滑得更远(重力势能)

1. 问题思考

一定质量的物体下落时做功越多,重力势能就越大,由重力势能的表达式得出重力势能的大小与物体质量和高度有关。

学生对此没有直观的感受,如何通过实验让学生对重力势能的大小有直观的体验呢? 下面就通过在一定高度处的小球滚动到水平桌面上后能对其他物体做功的多少来确定小球的重力势能大小。

2. 搜集证据

(1) 实验器材

一本书,两支水笔,透明胶带纸,一只塑料杯(200 mL),一把剪刀,3 个质量不同的球(木球、塑料球、钢球等),两块厚度相同的木板。

(2) 实验过程

① 从塑料杯口端剪下一个边长为 2.5 cm 的正方形缺口。

② 将两支水笔的粗端用透明胶带绑在一起,两笔间形成一个缝。

③ 将两笔有缝的一端伸进塑料杯里,笔的末端要碰到杯子的另一边,如图 8-11 所示。

图 8-11

④ 将两笔绑起来的一端搁在一块木板上。

⑤ 把钢球放在水笔上某一位置,放开钢球并观察杯子移动的距离。

⑥ 把钢球放在水笔上不同位置,放开钢球并观察杯子移动的距离。

⑦ 把钢球换作塑料球、木球,重复上面步骤⑤。

3. 结果解释

质量相同的小球,在斜面上更高处从静止开始运动,滚动到桌面上后把杯子撞得更远。质量不同小球在斜面上相同高处由静止开始运动,小球的质量越大,滚动到桌面上后把杯子撞得越远。

小球在斜面上由静止开始运动时具有重力势能,重力势能的大小与小球的质量和高度有关,质量越大、高度越高,具有的重力势能越大。小球滚动到水平桌面的过程中重力势能转化为动能,势能越大,动能就越大,对杯子做功就越多,把杯子撞得就越远。

4. 讨论交流

实验中为什么要选择较为光滑的笔杆、桌面和球?

答:因为小球在斜面上下滑或滚动时,会受到摩擦力的作用,选择较为光滑的塑料笔杆、桌面和球,尽可能减少摩擦力作用,减少球运动过程中能量损失,从而使重力势能越大,小球在撞击杯子时的能量也越大。

5. 延伸拓展

上述实验也可以用两根一次性筷子替代,使用时用右手固定好筷子间适当宽度,用左手在筷子间释放小球即可。也可以在筷子一端夹一个橡皮,用透明胶带绑住,使筷子形成平行狭缝即可。

[8-7] 必修2.1　刺激的海盗船(机械能守恒)

1. 问题思考

同学们小时候都坐过游乐场中来回摆动的海盗船吧!现在我们也可以自己动手做一个小装置来体验一下刺激和乐趣。

2. 搜集证据

(1) 实验器材

1 m长的尼龙线,装满水的饮料瓶。

（2）实验过程

① 尼龙线一端拴紧饮料瓶，另一端悬挂在门框的横梁上，如图 8-12 所示。

图 8-12

② 找几位学生比比谁最勇敢，一位同学先开始站定。

③ 将饮料瓶（即海盗船）底端放在该同学的鼻梁处由静止释放，看看他会不会躲闪。

④ 以后几位同学也按照这样的方式操作。

3. 结果解释

勇敢的同学或者知道原理的同学就会淡定地待在原处。但是由于这个实验中用的是装满水的瓶子，从心理的角度来看还是会吓着同学们的，绝大多数会躲闪。

如果只有重力做功，则机械能可以保持不变，重物就可以运动到原来的位置。而在实际运动过程中还有空气阻力对重物做功，重物的机械能略有减小，等它再次回到同侧最高位置时达不到第一次离开时的位置。

4. 讨论交流

（1）为什么有的同学做这个实验时鼻子就碰到瓶子了？

答：被碰到鼻子的同学放手时推动了瓶子，提供一定的动能，超过来回损失的机械能。为了保证实验成功和安全，放手时应确保静止释放瓶子。

（2）为什么游乐场中的海盗船可以不断来回运动到同一高度？

答：游乐场中的海盗船有动力装置，不断补充由于各种摩擦损耗的机械能。

5. 延伸拓展

重物释放后可以来回运动,幅度也越来越小,来回一次的时间有什么变化吗?

[8-8] 必修2.2 做平抛运动的水(平抛运动)

1. 问题思考

在绘制平抛运动轨迹实验中,我们往往让一个小钢球多次从同一高度释放,使其沿水平方向飞出,利用金属板和水平凹槽在白纸上压印出下落至不同高度处的落点,最后连线得到轨迹。或者利用频闪摄影的技术,结合计算机绘图软件得到平抛运动的轨迹。

上述方法对我们而言不是器材难以获取,就是软件的使用要求高,不易上手,有没有更简便的方法呢? 最好用一张照片就可以绘制成功,让我们一起试试看吧!

2. 搜集证据

(1) 实验器材

饮料瓶(装入清水后再滴入几滴墨水),两根细管,瓶塞,玻璃方格板(后面贴白纸),如图8-13所示。

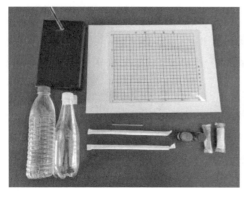 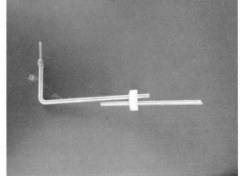

图 8-13   图 8-14

(2) 实验过程

① 在饮料瓶装满水后滴入几滴墨水显色,瓶盖上用电钻开两个孔,刚好使瓶内插着两端开口的细管。其中一根细管弯成水平,且加一段更细的硬管作为喷嘴,可以用橡皮泥做封堵,如图8-14所示。

② 将饮料瓶倒置,水从喷嘴中射出,在空中形成弯曲的细水柱,可认为是平抛运动的轨迹。在装置一侧竖直放置一玻璃方格板,为方便比较,可使喷嘴位置处于玻璃方格板左上角的端点处,如图 8-15 所示。

③ 观察细水柱从射出开始到瓶中水面稍高于管口处这段过程内,细水柱在空中的形状是否保持不变。用相机拍摄细水柱在空中的轨迹。

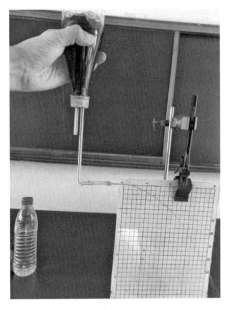

图 8-15

3. 结果解释

从照片中,你会观察到水从硬管口处水平喷出,在玻璃方格板的背景前,细水柱形成一条平抛运动的轨迹。

水从硬管口处以某一恒定初速度水平喷出,在阻力较小的情况下,水在空中近似做平抛运动。

4. 讨论交流

(1)细管的水平端加接一段更细的硬管作为喷嘴,其作用是什么?

答:这是为了使喷出水的初速度方向更容易保持水平,且水流更细一些,确保平抛运动的轨迹更清晰。

(2)为什么在管口处要插入一根细管跟大气相连?

答:细管的作用是保持瓶内液面降到管口处以前,喷嘴处的压强保持不变,确保获得相同的初速度,从而得到稳定的平抛运动轨迹。

5. 延伸拓展

当你学习了更多平抛运动的知识之后,回过头来审视之前所做的这个实验,思考一下如何利用水所绘制的平抛运动轨迹计算水从喷嘴喷出时的初速度。请利用控制变量的方法,研究水的初速度大小与瓶内液体高度、两根细管的高度差的关系。

如将瓶身更换为更大容积的瓶子,重复实验,观察细水柱有无变化。如果有变化,用相机拍摄细水柱在空中的轨迹。或将两根细管在瓶内的上端高度差变大,重复实验,观察细水柱有无变化。如果有变化,用相机拍摄细水柱在空中的轨迹。

[8-9] 必修 2.2　旋转的雨伞(曲线运动的速度方向、圆周运动的条件)

1. 问题思考

雨天,水滴顺着伞面渐渐沥沥地落下的时候,总有一些淘气的孩子会扭动伞柄,使水滴从旋转的雨伞边沿快速飞出,落到稍远一些的地面上。

那么,旋转雨伞时,雨滴到底朝什么方向飞出去的呢? 透明的雨滴不容易被观察到,我们可以将雨伞倒置后放入纸团、乒乓球,同样旋转雨伞,看看会发生什么现象呢?

2. 搜集证据

(1) 实验器材

雨伞,纸团、乒乓球等不易破碎的物体。

(2) 实验过程

① 把雨伞的顶部轻轻放在地面上,将其旋转起来。

② 把纸团等抛进雨伞中,它们随着雨伞一起转动。

③ 增大转动速度,可以观察到纸团纷纷"逃离"中心,向上翻滚,直到边缘,然后飞出去,如图 8-16 所示。

图 8-16

④ 通过手机拍摄慢动作视频,选取同一个纸团飞出过程中的三帧照片,重叠后放在一张图片上,如图8-17所示。

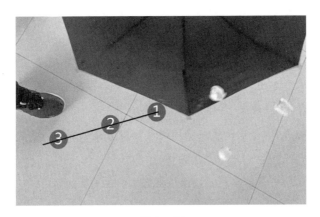

图8-17

3.结果解释

物体运动到伞面边沿时,由于惯性会沿着原来的线速度方向飞出去。

物体做圆周运动需要向心力。雨伞转动速度较小时,物体可以利用伞面提供的弹力、摩擦力作为向心力做圆周运动。不过随着雨伞转动速度增大,雨伞内的物体产生离心现象。

4.讨论交流

(1) 如果小木球能和倒置的伞面保持相对静止,在一个水平面内做匀速圆周运动,分析其受力。

答:若小木球和倒置的伞面保持相对静止,且在水平面上做匀速圆周运动,则它所受的合外力提供向心力,必然水平指向转轴(即伞柄),而不是沿伞面指向顶点。如果转轴的转速恰好使木球所受的伞面支持力、重力的合力指向转轴,则不需要伞面给木球提供摩擦力即可维持运动。如果伞面的转速大于上述转速,则木球有远离顶点的趋势,伞面会产生指向顶点的静摩擦力;反之会产生一个远离顶点的静摩擦力。在不超过最大静摩擦力范围内,重力、支持力和静摩擦力的合力指向转轴,维持木球的匀速圆周运动。

(2) 为什么随着雨伞转动速度增大,雨伞内的物体产生离心现象,甚至飞离雨伞?

答:随着雨伞转动速度增大,伞内物体做加速曲线运动,所需向心力增大,在原有位置上受到的力已经无法提供足够的向心力,于是产生离心现象。

[8-10] 必修2.2　篮球的运动轨迹(曲线运动)

1. 问题思考

很多人喜欢篮球运动,不仅可以收获乐趣,还可以保持身体健康。打篮球时,若投出篮球的力度合适,角度适中,篮球最终"唰"地一下,应声入网,你心中会拥有满满的成就感。在投篮过程中,篮球在空中仿佛划过一道优美的弧线,那你了解篮球在空中飞行的真实轨迹吗?

我们可以借助运动视频和相关软件绘出篮球的优美弧线,并分析它的运动特征。

2. 搜集证据

(1) 实验器材

篮球,摄像机或手机,拍摄支架,相关软件。

(2) 实验过程

① 使用摄像机或手机拍摄一段投篮视频。

② 将视频导入到软件,绘制篮球的运动轨迹,从竖直和水平两个方向分析其运动特点,如图8-18所示。

图 8-18

3. 结果解释

根据软件分析可得,篮球在空中的运动轨迹近似为一条抛物线,如图 8-19 所示。它在水平方向上近似做匀速直线运动;在竖直方向上,可近似看作先向上的匀减速直线运动,后向下的匀加速直线运动。

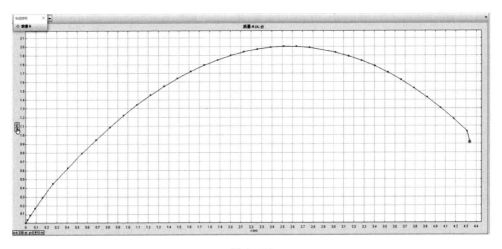

图 8-19

图 8-20 所示为篮球在水平方向上位移与时间的 x-t 图像。在 A—B 过程中,篮球还没有完全脱离人手,受到手部的作用力,在水平方向速度不规则改变;在 B—C 过程中,篮球在水平方向上运动的 x-t 图像斜率基本不变,近似做匀速直线运动,速度为 4.2 m/s。

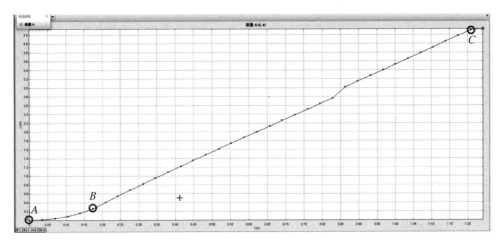

图 8-20

图 8-21 所示为篮球在竖直方向上速度与时间的 v_y-t 图像。在 A—B 过程中，篮球还没有完全脱离人的手，受到手对它的作用力；在 B—C 过程中，篮球在竖直方向上运动的 v_y-t 图像斜率基本不变，近似做匀变速直线运动，加速度约为 9.38 m/s^2。

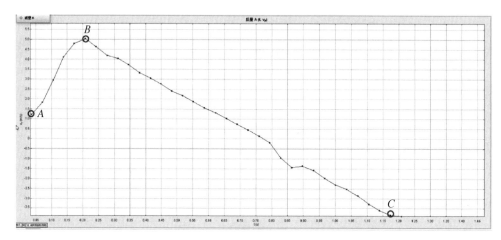

图 8-21

这是因为篮球在空中运动时，在空气阻力较小的情况下，可近似认为只受重力作用。因此，在水平方向上不受外力，做匀速直线运动；在竖直方向上，受重力作用，做竖直上抛运动。

4. 讨论交流

篮球在竖直方向上的上升和下落过程中加速度是否相同吗？

答：根据软件绘制的速度图像可知，上升过程的加速度和下落过程的加速度略有不同。主要原因是真实情境中存在一定的空气阻力，造成上升和下落过程的加速度略有不同。

5. 延伸拓展

本实验中，我们还可以利用软件对哪些物理量进行分析研究？

[8-11] 必修 3.1　电解电容器的充放电(电容器)

1. 问题思考

电视、电脑等各类电子产品走进了千家万户，这离不开电容器的作用。电容器具有储存和释放电荷的能力,我们如何通过实验证明电容器有储存和释放电荷的能力呢?

下面我们通过一个电解电容器的充电、放电实验来感受电容器的功能。

2. 搜集证据

(1) 实验器材

学生电源,一个单刀双掷开关,两个二极管,一个电解电容器("35 V, 470 μF"),导线若干。

(2) 实验过程

① 按照图 8-22 所示连接各电路元器件,两个二极管并联连入电路,并且两个二极管方向相反。在连接电路时,先断开电源和开关,电路连接情况如图 8-23 所示。

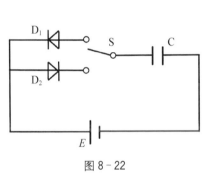

图 8-22

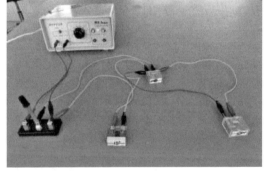

图 8-23

② 打开电源,先将单刀双掷开关向左闭合,观察现象,随后将开关断开。

③ 再将单刀双掷开关向右闭合,观察现象。

3. 结果解释

打开电源,将单刀双掷开关向左闭合时,看到只有一个二极管闪亮一次。将单刀双掷开关向右闭合时,看到另一个二极管闪亮一次。

打开电源,将单刀双掷开关向左闭合,这是给电容器充电的过程,充电电流让其中一个二极管闪亮。将单刀双掷开关向右闭合时,刚才已充电的电容器形成放电回路,在另一个二极管电路中产生与第一次方向相反的电流,所以这个二极管发光。

4. 讨论交流

实验中,如果换一个容量更大的电解电容器,你观察到的现象有何不同?

答：因为容量更大的电容器充放电时间更长，所以会观察到二极管发光的时间延长。

5. 延伸拓展

在上述实验电路中用变阻箱替换发光二极管，改变电阻箱阻值可以调节电路中的电流大小，并在实验中接入电流传感器和电压传感器。记录不同阻值下，电容器的充放电曲线。思考电容器充放电时间与电路中哪些因素有关。

[8-12] 必修 3.3　神奇的小车（磁场力）

1. 问题思考

汽车作为日常生活中最常见的代步工具，它的发展经历了一个漫长的过程。从最初的喷气式汽车，到蒸汽动力汽车，再到现在广泛使用的燃油车、新能源汽车，它们有着不同的结构、不同的规格、不同的驱动方式。除此之外，你见过依靠磁力驱动的小车吗？

找一辆玩具小车和磁铁，我们一起来制作一辆磁力驱动小车吧！

2. 搜集证据

（1）实验器材

两辆玩具小车，两块条形磁铁。

（2）实验过程

① 将两块条形磁铁分别粘贴到玩具小车顶端。

② 将其中一辆小车 A 慢慢靠近小车 B，观察小车如何运动。

③ 调转小车 A 的方向，慢慢靠近小车 B，观察小车如何运动。

3. 结果解释

当 A 车缓慢靠近 B 车时，B 车仿佛被推着运动，如图 8-24 所示；调转 A 车的方向，B 车又仿佛被棒拉着前进，如图 8-25 所示。

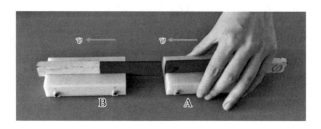

图 8-24

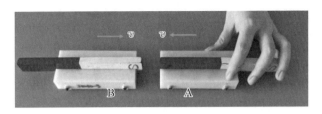

图 8-25

本实验应用了磁铁同性相斥,异性相吸的原理。当小车和小车相对的磁铁面为同性时,在不接触小车的情况下,小车被隔空推动。调转小车的方向,就是调转磁极的方向,即使不接触小车,小车也会被吸引过来。

4. 讨论交流

(1) 查阅资料,试说明磁体有几个磁极,如何判断一个磁体的磁极呢?

答:磁体上磁性最强的部分叫作磁极。可在水平面内自由转动的磁体,静止时总有一个磁极指向南方,叫作南极(S极),另一个磁极指向北方,叫作北极(N极)。

(2) 世界上第一条投入商业运营的磁浮列车已在上海浦东新区开通,全线长 31.5 km,最高速度可达 430 km/h,走完全程只需 8 min,被誉为在地面上"飞"起来的交通工具。请你查阅相关资料,了解磁浮列车是如何"悬浮"的。

答:如图 8-26 所示,磁浮列车是靠 T字臂下面的磁体 A 和列车下部的磁体 B 之间的相互引力使列车脱离轨道表面约 15 mm,处于悬浮状态,然后又在向前的电磁力推动下高速前进。

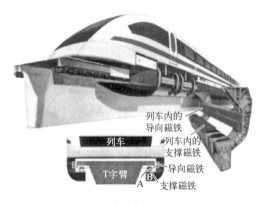

列车内的导向磁铁
列车内的支撑磁铁
导向磁铁
T字臂
支撑磁铁

图 8-26

(3) 结合能源的利用与消耗,谈谈磁力驱动的交通工具有什么样的优缺点。

答:以磁浮列车为例,其优点为速度快、能耗低、噪音小、无污染。磁浮列车运行速度最高可达 430 km/h;列车的每千米能耗仅为飞机的 1/2 至 1/3,比汽车也要少 3 成;由于无轮轨间的摩擦,在相同速度下,磁浮列车的噪音低于传统的铁路;由于磁浮列车以电为动力,这使它的发展不受能源结构,特别是燃油供应的限制;同时在轨道沿线不会排放废气,是一种名副其实的绿色交通工具。

缺点是:磁浮列车在突发情况下的制动能力不如轮轨列车。由于没有轮子,如果突然停电,仅靠滑动摩擦制动是很危险的。

[8-13] 选择性必修1.1 飞出的气球(反冲现象)

1. 问题思考

气球是物理实验的常用器材,今天我们再来做一个和气球有关的实验,如何让气球飞得更远?

这个实验做起来不难,却很有趣,同时也蕴含着深刻的物理原理!

2. 搜集证据

(1) 实验器材

气球,细线,吸管,直尺,剪刀,手机,相关软件。

(2) 实验过程

① 将一根吸管的一端插入气球口一小段,并用细线扎紧气球与吸管的接缝处,防止漏气。

② 将气球吹大并用手捏住吸管口,此时吸管呈笔直状。

③ 将整个装置放置在光滑的水平地板后,松开吸管口,观察现象。

④ 将吸管剪去一半长度,把气球吹大至差不多原来大小,重复上述步骤,观察现象。

⑤ 用手机录制步骤③和④的视频,通过软件比较气球刚被释放阶段的运动快慢,分析数据。"气球+吸管原长"运动数据如图8-27所示,"气球+吸管一半长度"运动数据如图8-28所示。

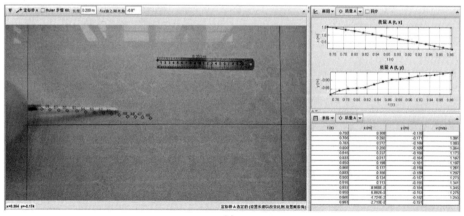

(a)

t (s)	x (m)	y (m)	v (m/s)
0.750	0.308	-0.176	
0.766	0.292	-0.171	1.091
0.783	0.272	-0.169	1.083
0.800	0.256	-0.169	1.064
0.816	0.237	-0.168	1.173
0.833	0.217	-0.164	1.197
0.850	0.198	-0.161	1.197
0.866	0.177	-0.159	1.261
0.883	0.156	-0.159	1.297
0.900	0.134	-0.157	1.273
0.916	0.113	-0.155	1.341
0.933	8.968E-2	-0.154	1.345
0.950	6.882E-2	-0.153	1.275
0.966	4.724E-2	-0.152	1.250
0.983	2.710E-2	-0.151	

(b)

图 8 - 27

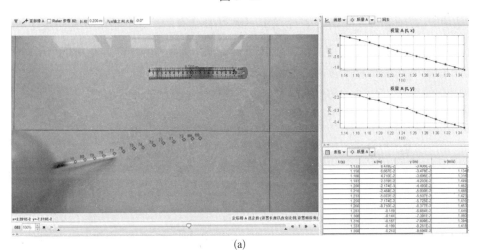

(a)

t (s)	x (m)	y (m)	v (m/s)
1.133	8.478E-2	-3.406E-2	
1.150	6.667E-2	-3 单击排序,双击选定列	1.134
1.166	4.710E-2	-3.696E-2	1.316
1.183	2.319E-2	-4.203E-2	1.498
1.200	-2.174E-3	-4.493E-2	1.462
1.216	-2.464E-2	-5.000E-2	1.488
1.233	-5.072E-2	-5.507E-2	1.423
1.250	-7.174E-2	-5.725E-2	1.416
1.266	-9.710E-2	-6.377E-2	1.463
1.283	-0.119	-6.884E-2	1.446
1.300	-0.144	-7.391E-2	1.460
1.316	-0.167	-7.899E-2	1.394
1.333	-0.190	-8.261E-2	1.418
1.350	-0.213	-8.696E-2	

(b)

图 8 - 28

3. 结果解释

用嘴通过弯曲吸管将气球吹大后,气球内的压强比外界大气压大,突然松开吸管后,气体通过吸管向外排出,我们会看到气球越来越小,还会听到喷气的声音。实验中气球会朝着吸管开口的反方向运动,剪去一半长度吸管的气球装置运动得更快一些。

两组实验都涉及反冲运动,遵循动量守恒定律。

气体释放前: $p = 0$

气体释放后: $p' = mv + Mv'$

根据动量守恒定律有: $p' = p$

即 $mv + Mv' = 0$

故有: $v' = -\dfrac{m}{M}v$

其中,m 为释放气体的质量,v 为释放气体的速度,M 为除气体外剩余装置的质量。根据上式中的负号可以确定气球的运动方向和喷气的方向相反。在喷气质量、速度一定时,气球装置的运动速度与质量成反比,故剪去一半吸管后,气球装置质量减少,速度增大。

4. 讨论交流

(1) 在上面的结果解释中,气体并不是一次性喷射出来的,有一个释放的过程,这对现象的解释会有什么影响吗?

答:由于气球喷气是一个持续性过程,假定喷气量是均匀的、和地面间的阻力也可忽略,则由于剩余部分的质量在变小,所以在实验过程中气球也会出现加速的情况。

(2) 如果将上述实验中的吸管在褶皱处弯折 90°(图 8 - 29),再释放气球,会观察到什么现象?为什么?

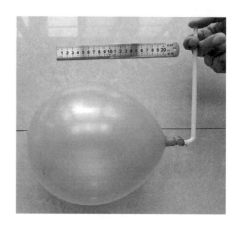

图 8 - 29

答:会观察到气球发生旋转。当吸管被弯折 90° 后,喷气后所产生的反作用力作用在气球装置上形成力矩,以气体与地面的接触点为转轴发生转动。

5. 延伸拓展

利用反冲现象中所涉及的动量守恒定律、牛顿第三定律,我们大到可以发射火箭、建造空间站,小到可以制造一些很有意思的玩具,比如反冲式小车、气球飞机等。你能否利用所学知识解释公园划船项目结束后不要跳上岸,而是以慢速跨步的形式上岸更安全?

[8−14] 选择性必修1.2 能用直尺来演奏吗(机械振动)

1. 问题思考

利用钢琴、吉他等各种专业乐器可以演奏出动听的乐曲。你有没有想过利用身边的学习用品——直尺,只要加以简单操作也能演奏出音乐吗?

借助直尺,调节不同的振动长度寻找对应发声频率。

2. 搜集证据

(1)实验器材

一定长度的直尺,一张桌子,录音设备(如手机)。

(2)实验过程

① 将直尺水平放在水平桌面上,用手把直尺压在桌面边缘,如图8−30所示。

图8−30

② 将尺子留出5 cm左右在桌面以外,左手按住尺子在桌面上的部分,右手轻轻向下拨动露出桌面的尺子一端,观察直尺运动并听声音。

③ 将尺子留出10 cm左右在桌面以外,左手按住尺子在桌面上的部分,右手轻轻向下拨动露出桌面的一端,观察并录下声音。

④ 重复步骤③,仅改变拨动的幅度,观察并录下声音。

⑤ 重复步骤③,改变直尺在桌面以外的长度,右手用力向下拨动尺子露出桌面的一端,尝试用不同的力,观察并录下声音。

⑥ 回放录音,分析比较频率和响度,如有条件可借助软件分析音频频率和振幅。

3. 结果解释

直尺的自由振动长度不同,可以听到不同频率的声音。直尺的自由振动长度相同,可听到频率相同、不同响度的声音。

直尺自由振动时按照它的固有频率发声,而固有频率主要与直尺的长度、材料等因素相关。直尺振动能产生声音,用力越大,振动的幅度越大,能量越大;用力越小,振动的幅度越小,能量越小。能量大时响度大,能量小时响度小。

4. 讨论交流

声音大小与声源振动的幅度相关,那么直尺能否任意增大振动幅度吗?

答:不能。直尺振动的幅度是有限的,不能超出弹性形变范围,超过范围就不能恢复原状。

5. 延伸拓展

利用身边各种物品试试发声效果,和同学合作进行一次"乐队表演"。

[8-15] 选择性必修1.2   牛顿管中的蜂鸣器(机械波的形成)

1. 问题思考

声音的传播需要什么条件? 假如我们周围没有空气,还能听到声音吗?

2. 搜集证据

(1)实验器材

牛顿管,抽气针筒,蜂鸣器,发光二极管,电源。

(2)实验过程

① 将蜂鸣器和发光二极管并联,并接上电源,然后把它们放入牛顿管中,如图 8-31所示。

图 8-31

② 利用针筒对牛顿管进行抽气,同时观察发光二极管发光情况并仔细聆听蜂鸣器的声音。抽气完成后,关闭阀门。

③ 打开阀门,观察发光二极管发光情况并仔细聆听蜂鸣器的声音。

3. 结果解释

在逐渐抽气过程中,发光二极管发出的光没有变化,但是蜂鸣器的声音逐渐减小。打开阀门,发光二极管发出的光没有变化,但是蜂鸣器的声音逐渐变大。

这是因为声音传播时需要介质,当空气稀薄时,声音就不能很好地传播。

4. 讨论交流

实验中,发光二极管发出的光没有变化说明什么?

答:说明光的传播不需要介质,所以声音是机械波,光是电磁波,两者本质是不同的。

[8-16] 选择性必修1.2　声音能看见吗(机械波、机械振动)

1. 问题思考

身边的声音每时每刻都很容易被我们的耳朵听到,却很难用眼睛看到,我们如何能够"看见"声音呢? 声音是怎样产生的呢?

我们可以到厨房里找一些简单的物品来"看见"声音。

2. 搜集证据

(1) 实验器材

一个小碗(平时吃饭用的碗或者玻璃杯),十几颗盐粒,一张保鲜膜。

(2) 实验过程

① 将保鲜膜完全包裹住碗口,并拉紧保持平整。

② 把盐粒撒在保鲜膜上。

③ 站在碗的旁边大声说话(图8-32),同时注意观察保鲜膜上的盐粒运动情况。改变声音的高低,观察又会发现什么现象。

3. 结果解释

可以看到盐粒在保鲜膜上跳动起来,声音越尖锐,跳起

图8-32

的盐粒越多,跳得越高,声音越低沉,跳起的盐粒越少,跳得越低。

声波可以在介质中传播,当声波传播到碗口包着的保鲜膜时,薄膜产生振动,轻小的盐粒就随着保鲜膜的振动而跳跃,与声音冲击我们耳朵里的鼓膜时发生的情形一样,鼓膜振动后将信息传递给大脑,我们才能听到声音。

4. 讨论交流

在本实验中,发声时从口腔出来的气流是否对盐粒的运动有影响?

答:我们发出声音是肺部的气体通过声带引起的,如果口腔直接对着盐粒会有一些影响。只要不是直接对着保鲜膜吹气,或者观察持续发声后的盐粒运动情况,可以忽略这个问题。我们也可以用手机或音箱来做实验。

5. 延伸拓展

大家查找一下资料,想一想如何让声音画出一些奇妙的几何图形。

[8-17] 选择性必修1.2 被弹回来的声音(机械波的反射)

1. 问题思考

我们知道可以发生反射,那么声音会像拍到地上的皮球一样被弹回来吗?

下面我们就借助一本书来试着反弹声音。

2. 搜集证据

(1)实验器材

手机,蓝牙耳机,一本书,两张纸,双面胶,剪刀。

(2)实验步骤

① 用双面胶和剪刀将两张纸做成两个纸筒,一端大一端小,如图8-33所示。

② 手机连接蓝牙耳机,播放一段音乐,将一只耳机放入一个纸筒中,并降低音量至外界刚好听不见声音。

③ 将两个纸筒排成"八"字形放在桌子上,在纸筒后面立放一本书,如图8-34所示。

④ 保持安静,耳朵在另一个纸筒的开口处听,能听到声音吗?

⑤ 拿开立着的书,再听一次,能否听到声音?

图 8‒33

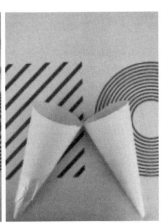

图 8‒34

3. 结果解释

步骤④中能听到音乐声,而步骤⑤中几乎听不到音乐声。

声音是以振动的形式在空气中传播的。纸筒的开口前如果没有放书,音乐声就会从筒口传出去,向四面八方散开。因为声音的大小是由声波的能量决定的,能量越多,声音就越大,所以声音发散出去得越多,耳朵就越难听到声音。如果在纸筒开口处立一本书,就可以把传向四面八方的声波挡住,并且把大部分的声波反射回来,有的反射声波会弹回另一个纸筒,然后传到耳朵里。

4. 讨论交流

不同的障碍物对声音的反射效果一样吗?

答:不一样。坚硬光滑的物体表面反射声波的能力强。

5. 延伸拓展

试一下,在相同的实验情况下,怎样减少反射的声音?

[8‒18] 选择性必修 1.2 与声音赛跑(多普勒效应)

1. 问题思考

发出的声音还会再变声吗? 为什么同一辆车,靠近时听到的鸣笛声和远离时听到的鸣笛声是不一样的呢?

我们可以用手机自带的麦克风(声音传感器)测量出声波的变化。

2. 搜集证据

（1）实验器材

1 m 长的绳子，蜂鸣器或者能产生持续音调的装置，手机软件。

（2）实验过程

① 将蜂鸣器牢牢地固定在绳子上，并打开蜂鸣器电源。

② 一人手拿蜂鸣器在头顶上的水平面内转圈，使蜂鸣器不断地靠近和远离拿手机的观察者，如图 8－35 所示。

③ 打开软件，点击"音频自相关"，进入"自相关"测量，如图 8－36 所示。

图 8－35

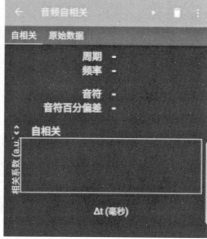

图 8－36

④ 点击手机屏幕右上角的三角形符号,开始测量。

⑤ 当蜂鸣器靠近和远离观察者时,观察者要注意听蜂鸣器发出的声音,用软件观察频谱的变化。

3. 结果解释

听到声音的音调和音量都以一定的周期增加或者减少。

音调的变化是多普勒效应造成的。当声源靠近听者的时候,声波的波峰和波谷靠得很近,如图 8-37 所示。这就导致听者会感受到一种更高频率的声波,即更高音调的声音。蜂鸣器旋转得越快,它产生的声音音调差别就越大。蜂鸣器音量的变化,不是由多普勒效应引起的,而是由距离声源远近引起的。

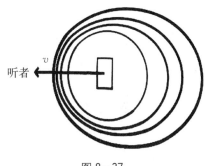

图 8-37

4. 讨论交流

(1) 在本实验中如果交换蜂鸣器和手机,即蜂鸣器不动,让手机随着绳子不停运动,会发生相同的现象吗?

答:会发生相同现象。这是运动的相对性。

(2) 如果物体运动的速度大于声音的速度又会发生什么现象呢?

答:超过声速时会发生音爆现象。当物体接近声速时,会有一股强大的阻力,使物体产生强烈的振荡,速度衰减。这一现象被称为音障。

5. 延伸拓展

请查阅资料,了解多普勒效应在我们生活生产中都有哪些实际应用。

[8-19] 选择性必修 1.3　光的神秘变身一(光的干涉)

1. 问题思考

分身是《西游记》中孙悟空的法术之一,即拔毫毛一把,丢在口中,嚼碎了喷出去,叫声:"变!"就能变出千百个分身,投入战斗。

你见过一束光像孙悟空的毫毛一样,变成很多条纹吗?让我们一起来见证光的神秘变身吧!

2.搜集证据

（1）实验器材

一支激光笔，双缝，光屏，如图 8-38 所示。

 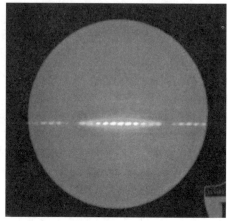

图 8-38　　　　　　　　　　　　　　图 8-39

（2）实验过程

① 在轨道上搭建实验装置，调节光源背后两个手拧微调螺栓，控制光线上下左右移动，使得激光束恰好穿过双缝，并射到光屏上。

② 使用 $d=0.2$ mm 的双缝，微调螺栓，直至光屏上产生清晰明显的干涉图样，观察并记录干涉图样的特点（图 8-39）。

3.结果解释

光屏上出现了一系列明暗相间、等间距的条纹。

从双缝发出的光在光屏上相遇叠加，波峰与波峰、波谷与波谷叠加处，光波相互加强；波峰与波谷叠加处，光波相互抵消，因此在屏上呈现出明暗相间的条纹。

4.讨论交流

（1）尝试减小双缝的间距，请观察并记录干涉图样有什么变化。

答：双缝的间距减小，干涉条纹相邻明（暗）条纹间距增大。

（2）增加双缝和白墙之间的距离，请观察并记录干涉图样有什么变化。

答：增加双缝和白墙之间的距离，干涉条纹相邻明（暗）条纹间距增大。

（3）在前面的学习中，我们知道两列相同频率的机械波叠加后也能形成一系列明暗相间的条纹。对比光的干涉,这说明了什么问题? 请查阅资料,说说光的本质是什么。

答：光的干涉现象以及相同频率的机械波叠加形成明暗相间的条纹,都暗示了光的波动性。根据波动理论,光被认为是一种电磁波,具有波动性质。这意味着光在传播时会表现出干涉、衍射和折射等波动现象。但是,与机械波不同的是,光的波动是电磁波动,由电场和磁场相互作用产生。

[8-20] 选择性必修 1.3　光的神秘变身二(光的衍射)

1. 问题思考

在"光的神秘变身一"中,我们留了一个思考题：对比光的干涉和机械波的干涉,你能得出什么样的结论?

没错,光和机械波一样具有波动性。那么,机械波具有的衍射现象在光束中是否也能发生呢? 如果能发生,需要什么样的条件?

2. 搜集证据

(1) 实验器材

一支激光笔,一根细铁丝,白墙。

(2) 实验过程

① 把激光投在几米外的白墙上,如图 8-40 所示。

② 将铁丝置于光束中,观察并记录你看到的现象。

图 8-40

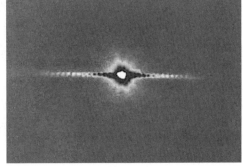

图 8-41

3. 结果解释

白墙上出现的图样为:中央条纹宽而亮,两侧条纹较窄、较暗,且具有对称性的一组明暗相间条纹,如图8-41所示。

光在传播过程中,遇到障碍物或小孔时,将偏离直线传播的路径而绕到障碍物后面传播,这种现象叫作光的衍射。小孔或障碍物的尺寸比光波的波长小,或者跟波长差不多时,光才能发生明显的衍射现象。

4. 讨论交流

(1) 尝试减小障碍物的尺寸或者单缝的宽度,观察并记录衍射条纹有什么样的变化。

答:减小障碍物的尺寸或者单缝的宽度,衍射条纹相邻明(暗)条纹间距增大。

(2) 光的衍射说明光可以偏离直线传播而绕到障碍物后面,难道光沿直线传播的结论是错误的吗? 请结合光的衍射条件进行简要分析。

答:光的衍射确实表明光可以偏离直线传播而绕过障碍物。然而,这并不意味着光沿直线传播的结论是错误的,光的直线传播原理仍然适用于均匀介质中。而当光通过一个大小接近或大于其波长的孔径或物体时,光波会发生弯曲和扩散,从而导致光偏离原本的直线传播路径。

[8-21] 选择性必修 3.1　墨水的扩散(分子的运动)

1. 问题思考

即使看上去很小的一滴水,也是由大量分子组成的,这么多的分子在一起,它们都处于什么样的运动状态呢? 又如何让一滴墨水在水中散开得更快速呢?

我们可以通过观察一滴墨水在一杯水中的运动情况来间接理解水分子的运动规律。

2. 搜集证据

(1) 实验器材

两个透明的杯子,适当的冷水和热水,两支滴管或钢笔,一瓶墨水。

(2) 实验过程

① 在两个相同的杯子中分别装等量的冷水和热水。

② 用两支相同的滴管或钢笔同时向两个杯子中滴入一滴墨水,如图8-42所示。

3. 结果解释

冷水中的墨水散开得慢,热水中的墨水散开得快。

一切物质的分子都在不停地做无规则运动,温度越高,分子运动越剧烈。

4. 讨论交流

墨水微粒在水中为什么会运动?

答:墨水在水中之所以能扩散开来,是因为水分子一直在做无规则运动。水分子

图 8-42

的无规则运动无法直接观察,但能观测到墨水的运动。转换观测对象,依据宏观的显示推断出微观规律,实现间接观测微观量。

5. 延伸拓展

气体与气体之间或固体与固体之间也存在扩散现象吗? 请举例说明。扩散现象在科学研究和生产技术中有哪些应用?

[8-22] 选择性必修 3.1　水产生的作用力(分子力)

1. 问题思考

气体很容易被压缩,说明分子之间有间隙。但为什么在通常情况下固体或液体的分子不会散开,也不容易被压缩呢? 沾水的两块玻璃片合在一起后,为什么很难被分开呢? 这都说明分子之间存在相互作用力。

让我们一起通过小实验来感受一下分子之间的相互作用力吧!

2. 搜集证据

(1) 实验器材

细线,外卖塑料盒,剪刀,一盆水。

(2) 实验过程

① 将塑料盒光滑的盖子用剪刀修剪成方形(剪的时候注意安全)。

② 将剪好的方形塑料片用细绳悬挂,悬空提起塑料片,感受手的用力。

③ 提着塑料片,并将塑料片紧贴水面。

④ 保持塑料片水平,缓慢提起它,感受提起瞬间时手的用力,如图 8-43 所示。

⑤ 比较两次手用力的感觉。

3. 结果解释

塑料片脱离水面瞬间,手的用力明显大于悬空吊起塑料片时用的力,因为塑料片分子与水分子之间有相互吸引力。

4. 讨论交流

深入的研究表明,分子间同时存在着引力和斥力,它们的大小都和分子间的距离有关。分子间什么时候表现为引力,什么时候表现为斥力?

图 8 - 43

答:当分子间的距离为 r_0 时,引力和斥力相互平衡,分子间相互作用力即合力为零,通常把这个位置称为分子的平衡位置;当分子间的距离小于 r_0 时,合力表现为斥力;当分子间的距离大于 r_0 时,合力表现为引力。当分子间的距离超过 $10r_0$ 时,合力可忽略不计。

5. 延伸拓展

用力压一个铅块,为什么很难减小它的体积? 将两个铅块的横截面磨平,再用力把它们压在一起,为什么这两个铅块就"粘"在一起了? 尝试做一做。

[8-23] 选择性必修3.1 神奇的伽尔顿板(随机现象中的统计规律)

1. 问题思考

构成物质的分子在永不停息地做无规则运动,单个分子每一时刻的运动情况完全是偶然的,不确定的。那么,大量分子的运动是否有规律可循呢?

接下来我们一起利用"伽尔顿板"实验来了解大量随机事件的统计规律。

2. 搜集证据

(1) 实验器材

伽尔顿板,一盒小球。

(2) 实验过程

① 竖直放置伽尔顿板,从顶部投放一个小球,观察小球的运动,以及最终落入狭槽

的位置。

② 用同样的一个小球重复做这个实验。

③ 将大量小球由入口处倒入,观察这些小球的运动,以及小球最终落入狭槽的位置,如图 8-44 所示。

④ 重复步骤③,比较多次实验的结果。

3. 结果解释

投放单个小球时,小球与钉子碰撞后,最终落入哪个狭槽中是不确定的。但投放大量小球时,落在中间狭槽的小球多,落在两边狭槽的小球少。

这是一种大量随机事件表现出的统计规律。

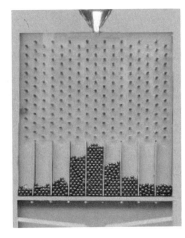

图 8-44

4. 讨论交流

如何用"伽尔顿板"实验规律解释大量分子的运动规律?

答:分子的运动规律类似上述小球的运动规律,单个分子的运动是随机的,但大量分子的运动是符合一定的统计规律的。

5. 延伸拓展

想一想,生活中有哪些现象也具有类似的统计规律。

[8-24] 选择性必修 3.1 模拟气体压强的产生(气体压强的产生)

1. 问题思考

在给自行车轮胎打气的时候,打的气越多,车胎越硬,说明了气体对车胎产生了压力。气体压强是如何产生的?

我们可以通过模拟实验来解释压强来自气体的压力。

2. 搜集证据

(1) 实验器材

两种不同大小的玻璃弹珠,台秤。

(2) 实验过程

① 将一颗小玻璃珠从 10 cm 的高度落下,观察台秤的指针摆动,如图 8-45 所示。

② 将 30 颗小玻璃珠从 10 cm 的高度均匀落下,观察台秤的指针摆动。

③ 将 30 颗小玻璃珠从 20 cm 的高度均匀落下,观察台秤的指针摆动。

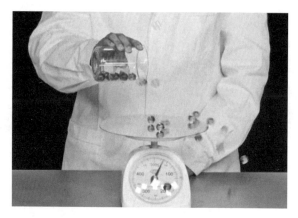

图 8－45

④ 将 30 颗大玻璃珠从 10 cm 的高度均匀落下，观察台秤的指针摆动。

3. 结果解释

同种玻璃珠从同一高度下落时，玻璃珠数量越多，产生的压力越大；相同数量的同种玻璃珠，从不同高度下落时，高度越高，产生的压力越大；相同数量的不同玻璃珠，从同一高度下落时，玻璃珠质量越大，产生的压力越大。

由实验可以想象，气体中大量做无规则运动的分子频繁、持续地碰撞器壁，产生持续压力，形成了气体压强。

4. 讨论交流

想一想，气体压强的大小可能与哪些因素有关？

答：气体压强的大小与气体分子的质量、分子速率、单位时间内单位面积上碰撞的分子数有关。

5. 延伸拓展

想一想，生活中还有哪些现象也可以模拟气体压强的产生机理。

[8-25] 选择性必修 3.1   肥皂膜的变化（液体的表面张力）

1. 问题思考

我们常常看到公园里一群小朋友陶醉地吹肥皂泡、追赶肥皂泡，也正是因为肥皂泡具有颜色鲜艳多变、轻盈易动等特点，深受人们喜爱。那么，为什么肥皂水可以吹出泡泡而纯净水不行呢？

接下来,我们来了解一下肥皂水的一些特别之处。

2. 搜集证据

(1) 实验器材

杯子,肥皂水,铁丝,细线,牙签或针。

(2) 实验过程

① 用金属丝制成一个圆环。

② 在圆环上系一条略大于圆环直径的细线。

③ 将圆环放入肥皂水中,取出后金属环上形成肥皂膜,细线此时呈现自然的弯曲状态,将肥皂膜分成两部分,如图 8-46 所示。

④ 用牙签将细线一侧的肥皂膜划破,观察现象,如图 8-47 所示。

图 8-46   图 8-47

3. 结果解释

原先松弛的细线绷紧了,且向有肥皂膜的一侧弯曲。

这是主要因为,液体表面存在张力,方向平行于液体表面且垂直于棉线方向,所以产生图 8-47 所示实验现象。

4. 讨论交流

既然液体有表面张力,为什么肥皂水可以吹出泡泡而纯净水不行?

答:泡泡是由于水的表面张力而形成的,这种张力是物体受到拉力作用时,存在于其内部而垂直于两相邻部分接触面上的相互牵引力。水面的水分子间的相互吸引力比水分子与空气之间的吸引力强,但如果水分子之间过度黏合在一起,泡泡就不易形成了。肥皂"打破"了水的表面张力,它把表面张力降低到只有通常状况下的三分之一,而这正是吹泡泡所需的最佳张力。如同一个气球,如果材料的弹力太强,吹起来就费劲,而松紧程度合适就容易吹成大气球。

第九章

促进"迁移生成"的实验设计

促进"迁移生成"的实验,主要利用"对话建构"后形成的概念、规律、模型、方法等解释新现象,解决新问题,生成新作品,有助于巩固已形成的物理观念,发展创新质疑等高阶思维能力,提升实践探究水平,形成科学态度与责任。它是深度学习的成果展示。

一、实验设计方法

"迁移生成"自主实验的设计关键是,在深刻理解概念、规律、模型、方法基础上,广泛联系、学以致用和创新拓展。这要求学生能结合所学知识,从新的视角观察生活,发现可以迁移解决的问题,并通过质疑创新,实现学习成果的自主创造。

基于五要素设计框架,"迁移生成"自主实验的设计,通常围绕以下两个问题展开。第一,通过拓展"对话建构"所形成的概念、规律、方法等的适用范畴,产生新的迁移应用,创造新成果。第二,通过对概念、规律的前提假设进行批判质疑,加深对已有概念、规律的理解,通过新的实验提出新的问题。

"迁移生成"自主实验大致可分为解释新现象、解决新问题、创造新作品等类型,下面通过案例解析实验的设计方法。

二、实验案例解析

(一)解释新现象

解释新现象可以促进知识的迁移应用,在迁移应用中促进对知识的深度理解和再建构,这是深度学习不可或缺的组成部分。

学习电磁感应现象及原理后,可引导学生去解释感兴趣或有意义的新现象,如手机的 NFC 功能。

【案例 1】解密手机 NFC 功能（电磁感应现象）

1. 问题思考

你使用过手机的 NFC 功能吗？它是一种近距离无线通信技术，我们可以用它来实现移动支付，可以将它作为电子钥匙开门，可以作为移动身份识别、电子票务等，它给生活带来很多便利。那么，NFC 功能在非接触情况下是如何实现上述功能的呢？它的基本原理是什么？能否设计一个小实验验证其基本原理？

2. 搜集证据

（1）实验器材

0.3 mm 粗细的漆包线（内部铜丝，外涂一层绝缘漆），一部有 NFC 功能的手机，一个 LED 灯（发光二极管）。

（2）实验过程

① 将一段漆包线绕制成 15～20 匝线圈。

② 将 LED 灯与线圈两端连接（连接处须刮掉漆包线外面的绝缘漆）。

③ 将线圈放置于手机 NFC 感应区，如图 9-1 所示。

图 9-1

④ 打开手机 NFC 功能，记录观察到的现象。

⑤ 调换 LED 灯正负接口的接线位置，记录观察到的现象。

3. 结果解释

无论 LED 灯怎么连接，你都会观察到 LED 灯被点亮，且 LED 灯出现有规律的亮暗变化。

NFC 功能的基本原理是电磁感应现象。在使用过程中，手机 NFC 感应区产生交变电磁场，线圈所在处磁通量发生变化，产生感应电动势。由此线圈和 LED 构成的回路中产生感应电流，点亮了 LED 灯。有规律的亮暗变化，反映了感应电流在有规律地变化，这是因为手机 NFC 感应区产生的磁场发生周期性变化，从而导致线圈中的感应电动势也在发生周期性变化。

4. 讨论交流

（1）在 LED 灯被点亮的过程中，涉及哪些物理概念？

答：在 LED 灯被点亮的过程中,涉及电磁感应现象、电磁场、感应电流。NFC 打开后,手机中的有(电)源 NFC 组件产生交变电磁场,连接 LED 灯的闭合线圈靠近 NFC 感应区时,线圈内产生感应电流,灯被点亮。

（2）对于电与磁的关系,以及这种关系在生活中的应用,你有哪些新看法?

答：电与磁之间是相互产生、相互作用的关系,变化的磁场产生电场,变化的电场产生磁场,磁场对放入其中的运动的带电物体产生作用。这种关系在生活中的应用还有很多,如发电机、电动机、变压器、话筒、电磁炉、无线充电等。电与磁关系的发现和应用使我们的生活发生了翻天覆地的变化,未来可能还会存在一些新的应用。

5. 延伸拓展

上述实验可证明手机的 NFC 功能可以实现能量传输,那么它又是如何传递信息的呢? 能否通过实验验证?

【案例解析】

通过体验引导学生关注手机的 NFC 功能,了解它的工作特点及优势,在此基础上让学生猜测其工作原理,并要求设计一个小实验验证其猜想。

学生很容易猜到 NFC 的基本原理是电磁感应,但是设计一个实验却未必容易,需要一定的推理论证、创新意识和实践能力。验证方法不唯一,比较简单易行的方法是证明线圈中产生了感应电流,可以用一个 LED 灯检验,也可以用灵敏电流计判断。最后通过一个拓展问题,引导学生进一步思考和探究。

（二）解决新问题

学以致用也是促进深度学习的有效策略,不仅可以加深对知识本身的理解,更重要的是在解决问题过程中体会知识的应用价值,从而对学习产生源源不断的动力。

下面以自由落体运动的简单应用“测测你的反应时间”为例,介绍此类实验的设计思路。

【案例 2】必修 1.1 测测你的反应时间(自由落体运动)

1. 问题思考

人的反应时间是指人体从某个反射弧的感受器接受刺激开始,一直到效应器完成反射所需要的全部时间。驾驶员的反应时间可能会影响行车安全,运动员的反应时间可能会影响比赛成绩。你知道人正常的反应时间大概是多少吗?

下面我们利用一把刻度尺,测量一个人的反应时间。

2. 搜集证据

（1）实验器材

最大测量值大于 30 cm 的带刻度的直尺。

（2）实验过程

① 甲同学捏住直尺的上端,将直尺竖直提起。

② 乙同学将右手的大拇指和食指张开,并将两手指放在直尺起始端零刻度位置的两侧,注视大拇指和食指间的直尺(图 9-2)。

③ 甲同学将手松开,直尺竖直下落。乙同学看到直尺下落时,用大拇指和食指立即将下落的直尺捏住,记录大拇指上缘在直尺上的刻度(图 9-3)。

3. 结果解释

由图 9-3 可知,乙同学捏住直尺,大拇指上缘对应的刻度约为 23 cm,由此可知他的反应时间约为 0.22 s。

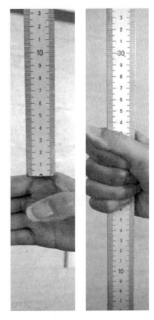

图 9-2　　　图 9-3

若忽略直尺下落过程中的空气阻力,可将下落过程视为自由落体运动。若测得人在反应时间 t 内,直尺下落的距离为 h。根据自由落体的位移公式 $h = \dfrac{1}{2}gt^2$ 可得 $t = \sqrt{\dfrac{2h}{g}}$,h 取 $0.23\,\text{m}$,g 取 $9.8\,\text{m/s}^2$,代入数据计算可得 t 约为 0.22 s。这就是乙同学大致的反应时间。

4. 讨论交流

（1）若乙同学右手的大拇指和食指没有与刻度尺的零刻度对齐,计算出的反应时间会偏长还是偏短呢?

答:若右手的大拇指和食指在零刻度上方,则反应时间内测得的下落高度 h 偏大,对应的反应时间 t 偏长。反之,测得的反应时间 t 偏短。

（2）实验操作中还有哪些因素会影响测量结果?

答:若直尺释放后有一个初速度或没有竖直下落,或被测者大拇指和食指间张开的距离大小不相同,均会影响测量结果。

5. 延伸拓展

如果某同学因为测量时大食指和拇指初始间距不同导致测得不同的反应时间,是否他的反应时间变化了? 如何改进实验装置,提高测量方法的相对客观性? 生活中有没有其他方法测反应时间?

【案例解析】

"迁移生成"自主实验,侧重学以致用且灵活应用,同时侧重知识为社会创造的价值,展现 STSE 的关系。

"问题思考"通常描述学以致用的场景以及解决问题的意义价值,如涉及人身安全、比赛成绩等,并提出解决问题的要求,如利用一把刻度尺。这样可引导学生对所学知识进行广泛联系。

作为学生自主实验,"实验器材"应选择生活中常见的工具或物品,"实验过程"也不需要复杂的操作技巧,但能够有效地解决问题,实验结果的解释应符合学生的认知水平。

在"讨论交流"中可以围绕相关物理模型进行讨论,也可以对实验误差进行分析,还可以反思实验步骤的合理性或注意事项,栏目重在引导学生对实验过程和结果进行反思。

"拓展延伸"可以针对实验误差提出改进要求,还可以拓展其他实验方案,为学生后续思考提供引导。

(三) 创造新作品

除了解释新现象外,我们还鼓励学生自主创造,展现所学内容的作品。这里的创造不是要求学生完全原创,并不追求其社会经济价值,而是关注学生相对于自己作出了有意义的改变,这就是创新的表现。这不仅需要创新精神和实践能力,还需要技术思维和物化能力等综合素养,能充分展现深度学习水平。

【案例3】选择性必修 2.1 奇妙简洁的电动机(安培力、电动机)

1. 问题思考

电动机是利用磁场对电流的作用,实现转子转动的机械。现代生活已经离不开电动机的工作。电动机可以很复杂,也可以很简单;可以很大,也可以很小,如我们手机的振动就是微型电动机工作的效果。如果给你一节五号电池、一块钕磁铁、一根铜丝,你能制作一台电动机吗? 让我们一起来感受电磁驱动的神奇现象吧!

2. 搜集证据

(1) 实验器材

一节 5 号干电池(直径一般为 1.4 cm),一个直径为 1.4 cm 的纽扣铷磁铁,30 cm 长的直径为 0.8 mm 的裸露铜丝(长度一般是干电池长度的 6 倍)。

(2) 实验过程

① 将磁铁吸附于电池一端(图中吸附于正极),如图 9-4 所示。

 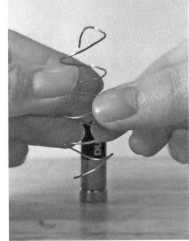

图 9-4 图 9-5

② 先将裸露铜丝拉直,然后将其旋转绕弯,圈成环状(以电池为轴,铜丝缠绕电池),如图 9-5 所示。

③ 将环状的铜丝放置于电池上,保证铜丝两端分别接触电池的负极和下端磁铁,可以根据实际器材自己调整。最终装置如图 9-6 所示。

④ 可以观察到,铜丝可绕电池自主转动。

3. 结果解释

实验发现,铜丝可绕电池自主转动。

线圈本身连接电源正负极,成为一个通电螺线圈,而通电螺线圈产生磁场,与电池下端磁体发

图 9-6

生相互作用,因此产生转动。

4. 讨论交流

除了上述方案,还有很多奇妙的简易电动机制作方案,大家可以在此基础上进行创新设计。

如果改变线圈的匝数或者选用更大的电池是否可以改变线圈的转速呢? 可进一步开展实验探究,并总结实验规律。

【案例解析】

创造新作品要求学生能发散思维,鼓励学生动手尝试制作,抓住事物本质,这有助于提升学生高阶思维和实践能力。如学生学习安培力之后,建立了电动机模型,不过学生脑中的电动机局限在教材上呈现的结构模型。因此,可以在器材上适度引导,激发学生展开想象,并动手制造一个简易电动机,在班级中交流展示。

教师在教学过程中,可以先给学生充分的时间进行自主设计和制作,并及时组织学生进行作品展示、交流和评价,充分展现学生的自主创造能力。如果学生缺乏思路,也可以先展示一种简易电动机的制作成品,通过样品激发学生的动手欲望,增强制作信心。不断引导学生从模仿制作到创新设计,不断拓展思路,提升动手能力。学生在制作成功后,适时展示和评价会产生强烈的成就感,有利于提升学生参与的广度和深度。

在教学过程中,不仅要求学生能展示作品及制作过程,而且能解释原理,开展对电动机性能的简单探究,这样才能促进知识的有效迁移,并达成深度学习要求。

三、"迁移生成"自主实验选编

在教学实践中,我们围绕课标开发或选编了很多适用于核心内容的与"迁移生成"相关的自主实验,有效促进深度学习开展。

[9-1] 必修1.2　随手做弹簧测力计(胡克定律的应用)

1. 问题思考

生活中有各种各样的秤,如电子秤、台秤、杆秤等,物理实验室里常用的则有弹簧测力计。你知道弹簧测力计的工作原理吗?

我们能不能用身边的小物品制作一个弹簧测力计呢? 我们一起试试吧!

2.搜集证据

(1) 实验器材

按钮式水笔 2 支,笔套式水笔 1 支,按钮式圆珠笔 1 支,小刀,10 cm 长的铁丝 1 段,大头针,尖嘴钳,2 cm×2 cm 的红纸片 1 张,方形便利贴 1 张,钩码若干,电钻(或小刀)。

(2) 实验过程

① 先取出按钮式圆珠笔的笔芯,再取出 2 支按钮式水笔前端的弹簧,将其从圆珠笔笔芯尾部套入,卡到凸起处。

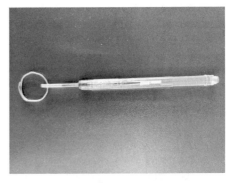

图 9-7

② 在笔套式水笔尾端的堵头正中心钻一个刚好能穿过圆珠笔笔芯,却又能挡住弹簧的小孔。钻孔过程中要不断比对孔的大小和修整孔的形状,既能让笔芯顺利穿过,又保证摩擦很小,如图 9-7 所示。

③ 在圆珠笔笔芯尾端穿一个大头针,并用尖嘴钳弯成钩形,当作挂钩,注意把大头针的针尖截去,以免伤人。

④ 在红纸中央用水笔标记一条平直黑色刻度线,并将其粘贴包裹在圆珠笔笔芯笔头外。

⑤ 用铁丝穿过笔套式水笔头部的圆锥形零部件,在内侧打粗结卡住,在外侧做一个小圆圈当弹簧测力计的提手,然后旋紧在笔套式水笔笔杆上,如图 9-8 所示。

图 9-8

⑥ 剪下方形便利贴的顶部有黏性的部分,把它贴在笔套式水笔笔杆上。将做好的部分竖直提起,以红色纸筒的黑色刻度线作为弹簧测力计的零刻度线位置,用铅笔把它的位置在便利贴上标出来。

⑦ 挂钩上挂已知重力的物品,在便利贴上标记刻度线的位置和力的大小,直至弹

簧接近最大形变。

⑧ 取下便利贴,用刻度尺和黑色水笔将标记的位置和力的大小重新绘制,并加入适当的分度。

⑨ 将弹簧测力计竖直放置,将便利贴再次贴在笔杆上,并注意零刻度与红色纸筒的黑色刻度线同一高度。

⑩ 先用天平测量一重物的质量并计算出其重力,再用自制弹簧测力计测量该重物,如图9-9所示,最后比较两者差异。若差异较大,寻找误差原因。

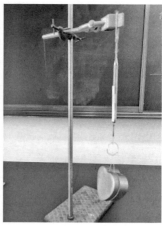

图 9-9

3. 结果解释

最后我们制作了一个量程约为 3.43 N、相对误差较小的弹簧测力计。

实验中我们可以观察到,自制弹簧测力计称量质量越大的物体时,弹簧就会被挤压得越短。根据胡克定律可知,在弹性限度内,弹簧发生弹性形变时弹力的大小 F 与弹簧形变量的大小 x 成正比,故自制弹簧测力计的刻度线是均匀分布。

4. 讨论交流

(1) 为什么采用将弹簧压缩的方式制作简易弹簧测力计?

答:因为按钮式水笔的弹簧拉伸时很容易超过弹性限度,所以让它在压缩状态工作更可靠。利用"弹簧弹力大小与弹簧缩短的长度成正比"这一思路入手进行制作,跟其他将弹簧拉长的自制弹簧测力计作品相比,是一种逆向思维。

（2）为什么用两个同型号的弹簧？

答：利用两个同型号的弹簧是为了增大测量范围。

（3）采用便利贴绘制刻度线和数据的优点有什么？

答：利用便利贴绘制刻度线较为方便，还能巩固学生对弹簧测力计使用前的调零步骤。堵头和笔杆如有松脱，可以用小片纸巾垫好后再固定。

5. 延伸拓展

（1）随手做弹簧测力计除了上面这个方案之外，你还有其他的思路吗？ 能不能用生活中的其他小物品再做一个不太一样的弹簧测力计？

（2）利用两个弹簧和其他的小物品，还可以根据牛顿运动定律做一个简单的加速度测量仪，开动你的脑筋想想怎么制作吧！

［9-2］必修 1.2 手掌自带的秘密工具（动摩擦因数、共点力的平衡）

1. 问题思考

生活中我们常能体验到摩擦力的存在，滑动摩擦力大小与动摩擦因数密切相关。如何用身边的实验器材，估测物体与皮肤之间的动摩擦因数大小？

我们的手掌就是一个秘密的工具，可以利用它设计一个测量动摩擦因数的小实验。

2. 搜集证据

（1）实验器材

封面粗糙程度不同的两本书，封面粗糙程度相同的三本书（其中两本用透明胶捆扎在一起），木板，透明胶。

（2）实验过程

① 手肘在水平桌面上固定，手臂平放在桌面上并摊平手掌，把一本书平放在手掌上。

② 始终保持手掌面与手臂平行，缓慢抬起手臂，正对着侧面拍摄视频。

③ 直到书刚从手掌上滑下时，停止拍摄。

④ 选用一本封面粗糙程度不同的书，重复步骤①、②、③，比较测得的动摩擦因数。

⑤ 选用与之前相同的几本书，将它们捆扎在一起，重复步骤①、②、③，比较测得的动摩擦因数。

3. 结果解释

分析拍摄的视频,选择书即将沿手掌滑动的那一帧,量取手臂与桌面之间的夹角 θ,可知书与手掌间的动摩擦因数 μ 约为 $\tan\theta$。

用同样的方法可得,粗糙程度不同的书滑动时,手臂与桌面间的夹角 θ 不同,说明粗糙程度不同的书与手掌间的动摩擦因数 μ 不同。

选用与之前相同的几本书,测得书与手掌间的动摩擦因数 μ,与同类书的动摩擦因数 μ 基本相同。

设物体刚开始滑动后在倾角为 θ 的斜面上近似做匀速直线运动。物体受重力、支持力和摩擦力作用,根据共点力的平衡条件,摩擦力等于重力沿斜面方向的分力,支持力等于重力沿垂直斜面的分力。如图 9-10 所示,以书本为研究对象,书受重力 G、弹力 F_N、摩擦力 F_f 的作用,根据共点力平衡条件得:$G\sin\theta = \mu F_N$,$F_N = G\cos\theta$,由两式可得 $\mu = \tan\theta$。

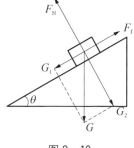

图 9-10

对于相同粗糙程度、相同材质的物体,动摩擦因数 μ 为确定值,所以测得的倾角 θ 基本相同。对于不同粗糙程度、不同材质的物体,动摩擦因数 μ 也不同,所以测得的倾角 θ 不同。

4. 讨论交流

实验操作过程有哪些注意事项?

答:当手掌与水平桌面有一定倾角时,书在手掌上滑动就相当于物体在斜面上滑行。本实验容易测量的是手臂与水平桌面之间的夹角,需要测量的是手掌与水平面之间的夹角,因此手掌面尽可能与手臂保持平行。

实验中由于每个人手掌的干湿、粗糙情况不同,因此即使用同一本书测量,结果也略有不同。

5. 延伸拓展

本实验还可用木板代替手掌,测量木板与书本之间的动摩擦因数。

为了防止抬高木板一端时,木板与桌面的接触端在桌面上滑动,可用透明胶把木板一端固定在桌面上。可以选用不同材料进行实验,测量不同材料间的动摩擦因数。图 9-11 所示分别是截取的没有滑动、刚开始滑动和滑动过程中三种情况。

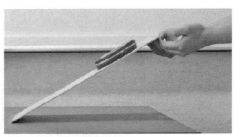
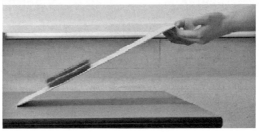

图 9 - 11

[9-3] 必修 1.2　帆船逆风行驶的秘密（力的分解）

1. 问题思考

你是否听说过帆船逆风也能行驶？你知道帆船逆风行驶的秘密吗？

可以尝试将直角三角尺、直尺平放在水平桌面上，沿水平方向用铅笔推直角三角尺的斜边，模拟帆船的逆风行驶。

2. 搜集证据

（1）实验器材

一把（新）三角尺，一把（新）直尺，一支铅笔。

（2）实验过程

① 将直尺放在水平桌面上，用手压住直尺，保持静止。

② 将三角尺的直角边与直尺贴合。

③ 用几乎平行于桌面的铅笔笔尖作用在三角尺斜边中点附近，用铅笔笔尖压紧斜边，用手推动铅笔，观察直角三角尺的移动方向，如图 9-12 所示。

④ 改变铅笔笔尖的方向，再次用手推动铅笔，观察直角三角尺的移动方向，如图 9-13 所示。

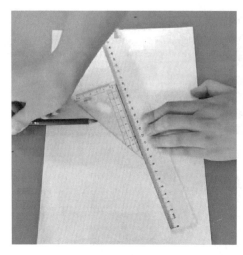
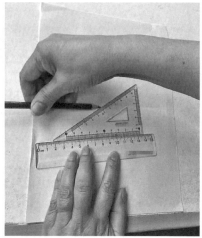

图 9-12　　　　　　　　　　　图 9-13

3. 结果解释

不论笔尖与斜边的夹角如何,用手推动笔尖,三角尺都沿直尺往同一方向移动。

如图 9-14 所示,无论笔尖如何推动三角尺,笔尖始终对三角尺的斜边产生垂直于斜边的压力 R。这个压力 R 产生两个作用效果:使三角尺平行于直尺移动的力 F_1;使三角尺压向直尺的力 F_2。在 F_2 方向上三角尺被直尺挡住,故三角尺只能沿着 F_1 的方向移动。

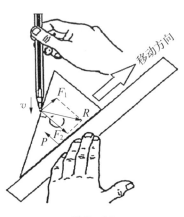

4. 讨论交流

实验中为什么要选用较新的三角尺和直尺?

图 9-14

答:因为新的三角尺和直尺之间摩擦力较小,从而三角尺更易沿直尺滑动。

5. 延伸拓展

为什么帆船逆风航行?

答:渔民在实践中得出生活经验,渔船在逆风行驶时,可以调节帆的方向,借逆风成为船前进的动力。

[9-4] 必修1.2 纸条如何断裂(牛顿第一定律)

1. 问题思考

若是在一张纸条上剪了两小缺口,两端用力向外拉纸条,纸条会断裂成两段,还是三段呢? 让我们一起来做实验吧!

2. 搜集证据

(1) 实验器材

一张纸,一把剪刀(或小刀),一个夹子。

(2) 实验过程

① 用剪刀剪两张长约为 15 cm、宽约为 2 cm 的细纸条。

② 将纸条折叠后,用剪刀在纸条上剪出两个相同的缺口,但不要剪断,如图 9-15 所示。

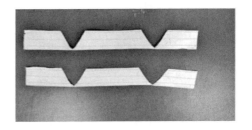

图 9-15

③ 取一张纸条,两手捏住两端,同时向外拉纸条,观察纸条断裂成几段。

④ 取另一张纸条,纸条中间用夹子夹住,为防止夹子太重拉断纸条,夹子可放在桌子上。两手捏住两端,同时向外拉纸条,观察纸条断裂成几段。

3. 结果解释

实验可观察到:纸条上没有夹子的时候,纸条断裂成两段;纸条上有夹子的时候,纸条断裂成三段。

双手用力向两侧拉纸条的时候,当某一侧拉力稍大于纸条缺口处能承受的最大拉力时,此处断裂。因为两个缺口及两侧拉力完全相同的概率非常小,所以纸条断裂成两段。

当纸条上有夹子的时候,夹子的质量较大,两侧拉力难以改变中间纸条的状态,则两缺口处均易断裂,故纸条断裂成三段。

4. 讨论交流

(1) 如何选择器材,实验更易成功?

答:选用的纸张不要太厚,夹子稍微重一点,实验更易成功。

(2) 如何加工缺口?

答:为了保证缺口大小都是一致的,可以把四处重叠在一起用剪刀剪破,同时留的缺口连接处小一点更好。

[9-5] 必修1.2 "追风"的火焰(牛顿第一定律)

1. 问题思考

当我们点燃蜡烛的时候,能否让飘忽不定的火焰跟着蜡烛运动方向向前倾斜,产生"追风"的效果?让我们利用下面的简单器材,一起来试试,并用所学的知识解释现象。

2. 搜集证据

(1) 实验器材

透明杯子,较矮的圆形蜡烛,长条生日蜡烛,打火机。

(2) 实验过程

① 用打火机点燃圆形蜡烛,然后拿着蜡烛左右移动,观察蜡烛火焰的倾斜方向(小心火焰)。

② 吹灭圆形蜡烛,将其放在透明杯子中。

③ 为安全起见,先用打火机点燃长条蜡烛,再用长条蜡烛点燃杯子中的圆形蜡烛(图9-16);然后拿着装有蜡烛的杯子左右移动,再次观察蜡烛火焰的倾斜方向。

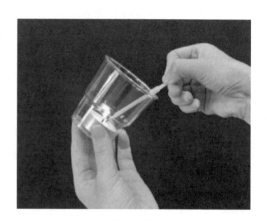

图 9-16

3. 结果解释

如图9-17所示,直接拿着蜡烛向右移动时,火焰会向左倾斜。如图9-18所示,用手拿着装有蜡烛的杯子向右移动时,火焰也会向右倾斜,出现"追风"现象。

这是因为直接拿着蜡烛向右移动时,蜡烛火焰会受到空气阻力,所以火焰向左倾斜。当装有蜡烛的杯子向右移动时,杯中空气由于惯性要保持原来静止状态,因此空气会撞在杯中左侧的内壁上,从而产生一股向右的气流。在这股气流的作用下,蜡烛的火焰方向与前进方向保持一致。

图 9 - 17

图 9 - 18

4. 讨论交流

(1) 如果在有风的室外进行实验,是否可行?

答:不可行,因为火焰和空气都很轻,很容易受到风的干扰。

(2) 实验中为什么使用较短的蜡烛,而不直接用长蜡烛?

答:蜡烛太长,火焰距离杯子外面的空气很近,实验现象就不明显。

5. 延伸拓展

在完全失重环境下,你知道火焰是什么形状吗?

[9-6] 必修 1.2　水中物体的运动(牛顿第一定律)

1. 问题思考

在空瓶中吊一物体时,瓶向某一方向运动,物体会向相反方向运动,这是由于惯性。若是在空瓶中装上水之后再做这个实验,又会怎样呢?

我们用水、泡沫球和金属物体做对比试验,会发生什么神奇的现象?一起试一试,并尝试用学到的物理知识来解释。

2. 搜集证据

(1) 实验器材

一个透明塑料瓶,一个透明塑料杯,一根针,线若干,一卷胶带,一个金属纽扣,一小块泡沫,一把剪刀。

（2）实验过程

实验一：观察泡沫块在水中的运动

① 用针线穿过泡沫块和塑料瓶的瓶盖，将泡沫块吊在瓶盖上。

② 瓶内装水，要求水能淹没泡沫块。

③ 盖上瓶盖后，用胶带封住针孔处，将瓶倒置，待泡沫块静止悬浮在水中[图9-19(a)]。

④ 在桌面上将瓶身迅速倾斜，观察泡沫块的运动方向。

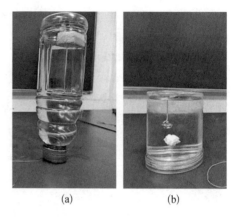

(a)　　　　(b)

图9-19

实验二：观察泡沫块和金属纽扣在水中的运动

① 在线的一端系住金属纽扣，另一端固定在塑料杯的杯底。

② 用针线穿过泡沫块和塑料杯的盖子，将泡沫块吊在盖子上，两段线长之和小于杯身长。

③ 瓶中装满水，待泡沫块和金属纽扣静止[图9-19(b)]。

④ 沿水平桌面某一方向加速移动塑料杯，观察泡沫块和金属纽扣的运动方向。

3. 结果解释

实验一中可观察到泡沫块运动方向相对于水运动方向相反，与塑料瓶倾斜的方向相同。实验二中可观察到泡沫块与金属纽扣运动方向相反。

实验一中当瓶突然向某一方向倾斜时，水由于惯性要保持原来的静止状态与瓶的倾斜方向相反，泡沫块由于密度小于水，同样体积时质量小于水的质量，惯性就比水小，因此水把它挤到与水相反方向运动。实验二中当杯子加速向某一方向运动时，由于金属纽扣的密度比水大，质量大于同等体积的水，运动状态较难改变，因此金属纽扣与泡沫块运动方向相反。

4. 讨论交流

（1）由于加速运动时间很短，实验现象很快就看不见了。如何可以观察到实验结果？

答：用慢放视频的技术处理一下，可以清晰且更长时间观察到实验现象。

（2）如果塑料杯里没有水，实验结果又会怎样？

答：如果塑料杯里没有水，泡沫块与金属纽扣都与杯子的加速方向一致。

[9-7] 必修1.2　能够自转的牛奶盒(牛顿第三定律的应用)

1. 问题思考

农田中有一种灌溉装置,不需要电动机带动,就可实现一边喷水一边自动旋转。我们是否也能让一个装置在不用手推、不用电机带动的情况下自行旋转呢?

我们可以用一个牛奶盒和一根细线来实现这样一个装置,你能不能用所学物理知识解释其中的原理呢?

2. 搜集证据

(1)实验器材

牛奶盒,细线,水。

(2)实验过程

① 将牛奶盒上端穿上细线,平稳地悬挂起来。

② 在牛奶盒中加满水,拧紧盖子。分别在牛奶盒四个侧面的底端靠近角处打四个同等大小的小孔。

③ 打开牛奶盒上方的盖子,观察它的运动情况,如图9-20所示。

④ 随着牛奶盒中的水位降低,观察牛奶盒运动情况的变化。

图 9-20

3. 结果解释

打开盖子后,四个小孔中有水喷出,牛奶盒开始转动,越转越快。一段时间后,牛奶盒的转速逐渐减小。

当水从牛奶盒的四个孔中开始喷出时,水对空气产生推力F。根据牛顿第三定律,牛奶盒同时会受到空气对水的反作用力,如图9-21所示。每个侧面受到的反作用力都使牛奶盒沿同一方向转动。

转动快慢与水流、绳子扭转有关。

图 9-21

4. 讨论交流

如果在牛奶盒每个侧面的中间位置打孔,牛奶盒是否发生旋转?

答:不会产生转动效果。因为对面两个孔产生的反作用力大小相等、方向相反,而且作用在一条直线上,所以四个力的合力为零,不会改变牛奶盒的运动状态。

5. 延伸拓展

提着细线使牛奶盒向上或向下加速运动,水流和转速会发生怎样的变化呢? 你可以尝试一下。

[9-8] 必修 2.1　滑梯中的安全规则(机械能的转化)

1. 问题思考

滑梯是每代人童年的回忆,小朋友们争先恐后地攀爬、滑下。仔细观察滑梯旁的使用注意事项,其中有一条:在每条滑道的出口,不能站有其他小朋友。那么,为什么会有这项提示呢? 从滑梯上滑下的小朋友具有多大的能量?

寻找家中可用的轨道模拟滑梯场景,让小球模拟下滑的小朋友,摩擦块或小木块模拟滑道口的小朋友,来看看会发生什么情况吧!

2. 搜集证据

(1) 实验器材

弧形轨道,一个塑料小球,一个小钢球,摩擦块(小木块)。

(2) 实验过程

① 将摩擦块放在弧形轨道的末端 O 点。

② 将塑料小球分别从弧形轨道的 A、B、C 三点由静止释放,观察摩擦块的滑行距离,如图 9-22 所示。

③ 将钢制小球从弧形轨道的 A 点由静止释放,观察摩擦块的滑行距离。

3. 结果解释

塑料小球从 C 点释放后,摩擦块滑行的距离最大。同一小球,所处的高度越高,下滑后推动摩擦块滑行的距离越远。钢制小球从同一高度释放,下滑后推动摩擦块滑行的距离相对较大,如图 9-23 所示。

因为,同一小球所处的位置越高,它具有的重力势能越大,达到弧形轨道末端的动能也越大,小球对摩擦块做功越多,摩擦块滑行的位移越大。

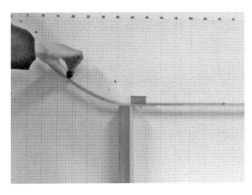

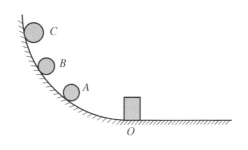

图 9-22

不同质量的小球,从同一高度下滑,质量越大,推动摩擦块滑行的距离越远。质量大的球,在同一高度处的重力势能也大,到达弧形轨道末端的动能也大,推动摩擦块做功也多,摩擦块滑行得就远。

4. 讨论交流

(1) 实地考察一下身边的滑梯,估算一下小朋友从滑梯上滑下后具有的动能有多大?

答:以 2 m 高的滑梯、25 kg 的小朋友为例,假设滑梯光滑,则下滑过程中机械能守恒。滑下后具有的动能等于初始状态的重力势能,即 $E_P = mgh$,代入数据计算可得,约为 500 J。

(2) 通过上面的估算,你能得到什么启发?

答:由上面估算可知,小朋友从滑梯上滑下时的动能较大,滑道口的小朋友一定要及时离开,不然就要被"做功"啦!

5. 延伸拓展

生活中,小朋友在从滑梯上下滑的过程中,所受的阻力能否忽略不计?能否设计一个实验进行分析判断?

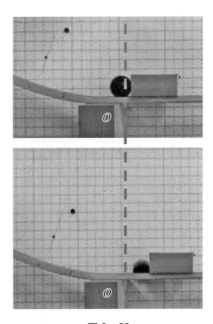

图 9-23

[9-9] 必修2.1 用橡皮筋驱动小车(弹性势能和动能相互转化)

1. 问题思考

要让玩具小车自己在水平地面上前进,除了用电动机驱动之外,你还能想到什么驱动方法? 小车获得的动能是由什么能量转化而来的?

我们可以用身边常见物品制作一辆简易的动力小车,尝试用橡皮筋驱动它前进。

2. 搜集证据

(1) 实验器材

吸管,2根方形短木条,2根方形长木条,2根圆形木条,1根橡皮筋,4张旧光碟(也可以用矿泉水瓶盖或圆形纸板等替代),美工刀,热熔胶枪。

(2) 实验过程

① 如图9-24所示,制作一辆简易四轮小车。

(a) 先用2根长木条与2根短木条搭建车架。

(b) 给其中一根圆形木条套上比木条稍短的吸管(A处),吸管固定在车架上。

(c) 给另一根圆形木条套上两段较短的吸管(B、C处),两段吸管分别固定在车架两边。

图9-24

(d) 在两根圆形木条的两端都用热熔胶枪把圆形木轮或光碟固定,固定后四个轮子相互平行,且与转动轴垂直。

② 将橡皮筋一端固定在圆形木条外的吸管上,另一端固定在圆形木条上。

③ 用手转动固定橡皮筋的圆形木条,使橡皮筋绕在圆形木条上,放手后,观察小车的运动。

3. 结果解释

用手转动固定橡皮筋的圆形木条,使橡皮筋绕在圆形木条上,放手后,可观察到小车在水平桌面上向前运动。

当转动固定橡皮筋的木条时,橡皮筋绕在圆形木条上,橡皮筋被拉长,就具有了弹性势能。放手后,橡皮筋要恢复原来长度,就带动固定橡皮筋轴的圆形木条转动,车就向前运动了。

4. 讨论交流

(1)制作车辆时,为什么橡皮筋一端与吸管固定而另一端与车轮轴固定?

答:橡皮筋一端与车轮轴固定,当转动车轴时,就把橡皮筋绕在车轴上,放手后橡皮筋要恢复原状,就会带动车轴转动,轮子转动。橡皮筋的另一端固定在车轴外的吸管上,当另一端的轮子转起来,就能带动这轴转动,如果橡皮筋直接固定在轴上,这个轴就转不起来。

(2)橡皮筋绕的圈数越大,小车往前的距离有何变化?

答:在橡皮筋允许的伸长量范围内,当橡皮筋绕在圆形木条上绕的圈数越多,橡皮筋的伸长量越大,橡皮筋具有的弹性势能越多,小车在相同的地面上前进距离越大。

5. 延伸拓展

在学习了平抛运动后,可探究橡皮筋的伸长量与物体间动能的变化量之间的关系。可以在相同高度的桌边,对相同质量的球用不同伸长量的橡皮筋弹射小球,测定小球做平抛运动的水平位移,也大致得出橡皮筋弹性势能大小与小球动能大小之间的关系。

[9-10] 必修 2.1 跳跳卡的鲤鱼打挺(弹性势能和动能相互转化)

1. 问题思考

蹦床是一项运动员利用蹦床反弹来表现杂技技巧的竞技运动,属于体操运动的一种,有"空中芭蕾"之称。运动员从最高点落下到接触蹦床,再到跳至最高点的过程中,重力势能、动能、弹性势能之间是怎样转换的?

我们来做一个"跳跳卡",看看能量之间如何转换,怎样才能跳得更高?

2. 搜集证据

(1)实验器材

一块纸板,一根橡皮筋,剪刀。

(2)实验过程

① 先剪下一块矩形的纸板。

② 将剪下的纸板对折。

③ 然后在对折的两边,各剪两个卡口。

④ 在卡口处绑上橡皮筋,跳跳卡的整个装置就完成了,如图9-25所示。

⑤ 双手分别按住纸板的两端,将橡皮筋拉开,双手同时松开,如图9-26所示。

图9-25

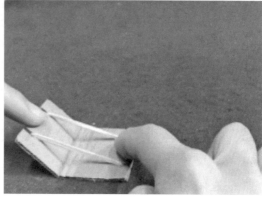

图9-26

3. 结果解释

橡皮筋拉开后具有弹性势能,恢复时转化为动能。把硬纸板按平后放在水平面上,然后松开,橡皮筋的弹性势能转化为硬纸板的动能,所以硬纸板会跳起来,而跳起来的硬纸板又将动能转化为重力势能。

4. 讨论交流

(1) 怎样让"跳跳卡"跳得更高呢?

答:为了让"跳跳卡"跳得更高,可以用更紧(劲度系数大)的橡皮筋,最简单的做法就是将橡皮筋对折几次。也可以将纸板做得稍稍长一点,这样橡皮筋所储存的能量会更多,可以转换成更多的动能。

(2) 橡皮筋的弹性势能转化为硬纸板的动能的原因是什么?

答:当我们的手释放时,"跳跳卡"上的橡皮筋会迅速收缩,此时橡皮筋会对两片纸板做功,将弹性势能转化成纸板的动能。

5. 延伸拓展

试着将蹦床运动员从高处由静止下落到再次到高处的能量转化情况分析一下(忽略空气阻力影响),找一找有哪些能量间的相互转化,并分析原因。

[9-11] 必修 2.2　"无视"重力的乒乓球(圆周运动、向心力、向心加速度)

1. 问题思考

地球上的物体时时刻刻受到地球的吸引力,我们把这个力叫作重力。因为重力,熟透了的苹果会下落,"水往低处流"。然而,生活中总有一些现象看起来"无视"重力的存在,如摩托车在铁笼中的精彩表演、飞檐走壁的跑酷。摩托车、跑酷者同样受到重力,为什么没有掉下来呢?

现在,让我们用一个乒乓球模拟这些"无视"重力的运动,揭开运动奥秘吧!

2. 搜集证据

(1) 实验器材

吹风机或鼓风机,一个乒乓球,塑料容器或玻璃烧杯。

(2) 实验过程

① 将乒乓球放在烧杯中。

② 一只手握住烧杯底部,另一只手握住电吹风(无须开启电吹风的加热功能),如图 9-27 所示。

③ 将从电吹风中吹出来的风引到烧杯中,观察乒乓球如何运动。

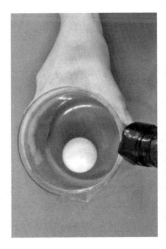
图 9-27

图 9-28

3. 结果解释

乒乓球会离开烧杯底部,在烧杯的内壁上做圆周运动。在旋转的同时,它们表现得"无视"重力的作用。

如图 9-28 所示,高速流动的空气使得乒乓球受到一个向上的力,这个力和重力平衡,故乒乓球不会掉入杯底,烧杯内壁对乒乓球的弹力是它做圆周运动的原因,即 $N = m\dfrac{v^2}{R}$。

吹风机关闭后,乒乓球的旋转速度逐渐减小。在重力以及球和烧杯内壁之间的摩擦力的作用下,球越转越慢,最终落在杯底。

4. 讨论交流

实验中,乒乓球沿烧杯内壁做圆周运动,需要什么条件?

答:乒乓球被吹风机赋予了速度。在水平方向上,烧杯内壁提供了乒乓球做圆周运动的向心力,使它在水平面上做圆周运动。

5. 延伸拓展

如果杯中放入两个乒乓球,进行同样的操作,你会发现什么有趣的现象?

[9-12] 必修 2.2 "飞车走壁"的弹珠(匀速圆周运动)

1. 问题思考

"飞车走壁"的摩托杂技相信大家都见过,摩托车可以在铁笼内壁上沿各个方向飞驰。你知道摩托车为什么能在倾斜的铁笼壁上运动而不掉下来吗?你敢不敢尝试这样的极限运动呢?在没有专业人员指导和保护下当然还是不要轻易尝试。我们可以用一个气球和一个玻璃弹珠来模拟这样的运动。

2. 搜集证据

(1) 实验器材

气球,玻璃弹珠。

(2) 实验过程

① 将玻璃弹珠放入气球中,将气球吹大,扎紧。

② 用手捏住气球开口处,使气球往一个方向快速转动。观察球内玻璃弹珠的运动轨迹。

③ 改变气球转动的快慢,观察玻璃弹珠的运动情况,分析玻璃弹珠运动变化的原因。

3. 结果解释

可观察到弹珠在气球内做圆周运动。当气球转动的方向、快慢不同时,弹珠就会在不同平面上做圆周运动。

　　根据圆周运动产生的条件可知,玻璃弹珠做圆周运动,必定有外力提供向心力。当弹珠近似在水平面内做匀速圆周运动时,弹珠受到重力和弹力的作用(忽略其他因素),其合力提供了弹珠做圆周运动的向心力,如图 9-29 所示。

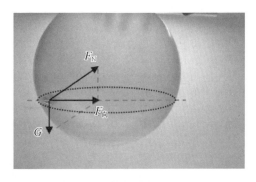

图 9-29

　　当气球转动的方向、快慢不同时,弹珠具有不同的初速度,就会在不同平面内近似做圆周运动。因为外力提供的向心力不同,其运动的半径、速度都会有所不同。

4. 讨论交流

　　(1)玻璃弹珠能否在气球中上部分的水平面内近似做匀速圆周运动?

　　答:不能。弹珠处于气球中上部分时,所受重力与弹力的合力不可能沿水平方向,故弹珠不能在气球中上部分的水平面内近似做匀速圆周运动。

　　(2)要使玻璃弹珠运动的轨道不在水平面内,应如何控制气球的转动?

　　答:可以让气球的转轴处于倾斜状态,此时弹珠做圆周运动所在平面会与水平面成一定夹角。

5. 延伸拓展

　　"飞车走壁"的摩托杂技表演和上述玻璃弹珠实验,有哪些联系和区别?

[9-13] 必修 2.2　变速自行车的传动(线速度和角速度的关系)

1. 问题思考

　　自行车是以人踩脚踏板为动力的绿色环保交通工具,其中变速自行车也已普遍出现在人们的日常生活中。变速自行车的传动装置包括主动齿轮、被动齿轮、链条和变速器,齿轮比和传动比关系着传动效率。你知道变速自行车是如何实现"变速"的吗?

　　我们可以找一辆变速自行车,通过观察分析,了解它的传动原理。

2. 搜集证据

(1)实验器材

　　一辆变速自行车,若干颜色鲜艳的标签纸,一支记号笔,一瓶胶水。

（2）实验过程

① 将一辆变速自行车倒放于地面,在链轮、飞轮和后轮上使用颜色鲜明的标签纸或记号笔进行标记,记录下它们的初位置,并分别测量链轮、飞轮和后轮的半径,如图9-30所示。

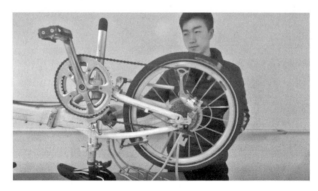

图 9-30

② 缓慢转动脚踏板,带动后轮转动,同时用手给后轮一个摩擦阻尼,使后轮不因惯性而自主转动。转动脚踏板一周,记录飞轮和后轮旋转的圈数。

③ 使用变速器改变链轮和飞轮的转速比,重复步骤②。

3. 结果解释

通过实验可测得,链轮的半径为 9.6 cm,飞轮的半径为 3.2 cm 时,链轮每转一圈,飞轮和后轮转三圈。改变链条在飞轮的轨道,链轮的半径为 11.0 cm,飞轮的半径为 5.5 cm 时,链轮每转一圈,飞轮和后轮转两圈。

链轮和飞轮的关系如图9-31所示,链轮和飞轮的转速与半径成反比,可以通过测量数据进行验证。若保持脚踏板转速一定,通过使用不同半径的飞轮,可以改变自行车的行驶速度,达到变速的目的。

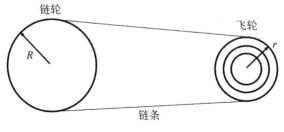

图 9-31

4. 讨论交流

（1）是不是飞轮的半径越小，自行车行驶速度越大呢？

答：只有在保证脚踏板的转速一定时，飞轮的半径越小，才能提高飞轮的转速，进而提高后轮的转速。不过此时需施加更大的力踩脚踏板，输出更多能量保持脚踏板转速一定，对骑行者的体能要求更高。

（2）在实验过程中，为什么需要在转动脚踏板时，同时用手给后轮一个摩擦阻尼？

答：因为在转动脚踏板时，车轮会因为自身惯性而自主转动，此时就无法确定链轮和飞轮的转速比，所以在实验过程中要控制后轮只能在链条作用下转动，避免因惯性而增加转动圈数。

5. 延伸拓展

当你骑着变速自行车上坡或逆风行驶时，该如何调整自行车的转速比，使自己更加省力？

[9-14] 必修 3.1　自制验电器（电荷间相互作用）

1. 问题思考

自然界中有两种电荷，用丝绸摩擦过的玻璃棒带正电，用毛皮摩擦过的橡胶棒带负电。同种电荷之间相互排斥，异种电荷相互吸引。你能用这里的物理知识设计一款简单的验电器吗？

我们利用烧烤用的锡箔、金属丝等生活中常见的材料，来自制一个验电器。

2. 搜集证据

（1）实验器材

一片锡箔，一个空矿泉水瓶，一根金属丝（一根导线也可以），一块橡皮泥，一把小剪刀，丝绸和玻璃棒。

（2）实验过程

① 用剪刀在瓶盖中间剪一个小孔。

② 导线两端漆皮各剥掉一段。

③ 在锡箔片上用小剪刀剪出宽 1 cm 左右、长 4 cm 左右的两个细长条。

④ 把导线穿出瓶盖的小孔，露出瓶盖的那一端绕成几个小圆圈，另一端穿插两小

条锡箔片,并保持在瓶正中央的位置(图 9-32)。

⑤ 用橡皮泥把小孔处的导线固定住,让导线保持在瓶中央固定不动。

⑥ 用丝绸与玻璃棒摩擦。

⑦ 用摩擦后的玻璃棒尖端接触瓶盖上的小圆圈,观察瓶内锡箔片的状态。

3. 结果解释

锡箔片会张开一个角度。

当带电玻璃棒接触盖上的小圆圈导线时,由于导线的两端漆皮被剥了后可以导电,另一端的两片小锡箔就会带上同种电荷,又由于同种电荷排斥而分离,这样就可以检测带电体是否带电了。

图 9-32

4. 讨论交流

(1) 为什么导线绕成一个圆形的圈?

答:导线绕成一个圆形的圈是为了在检验带电体时接触更充分,容易检验到电荷。若只是一根细细的金属丝,不太容易接触到,且在过程中带电体容易碰到别的物体而影响检测结果。

(2) 塑料瓶起什么作用?

答:起隔离作用,减少外界的干扰,实验更容易成功。

(3) 简易验电器可以实现哪些功能?

答:简易验电器可以检测物体是否带电,还可以检验两种带电体是否带同种电荷。

5. 延伸拓展

可以尝试用丝绸摩擦过的玻璃棒和毛皮摩擦过的橡胶棒分别接触验电器,观察验电器的张角变化情况? 如果分别改变摩擦的时间长短变化再做实验,会有什么不一样? 里面又包含什么道理呢?

[9-15] 必修 3.1　会"跳舞"的乒乓球(静电场、电势、电势能)

1. 问题思考

如何让一个悬挂的乒乓球在空中来回"跳舞"呢? 你可以尝试利用电场。将一个包裹锡箔纸的乒乓球悬挂并置于电场中,乒乓球会运动吗? 如果让它带上电荷,又会怎样? 一起来试试吧!

2. 搜集证据

(1) 实验器材

一对平行金属板,一个金属小球(乒乓球包裹锡箔纸或空心金属箔球),铁架台,感应起电机,毛皮,橡胶棒,若干导线。

(2) 实验过程

① 将乒乓球用锡箔纸包裹好制成金属小球,系上细线悬挂在铁架台上。

② 将金属小球放在两块平行金属板中间。

③ 两块平行金属板用导线分别连接在感应起电机的两极上。

④ 用毛皮摩擦过的橡胶棒接触金属小球。

⑤ 摇动感应起电机,观察小球的运动情况。

3. 结果解释

带电小球在金属板形成的电场中,在电场力的作用下向一块平行金属板运动,说明它的动能和重力势能增加。根据能量转化与守恒定律,增加的机械能是由某种其他形式的能转化来的,即电势能,由此实现了电势能与机械能间的相互转化。当小球与金属板碰撞后,其电性改变,小球向相反方向运动,将重复上述转化过程,从而验证了电荷在场中时有电势能的存在。

4. 讨论交流

若改变感应起电机的摇转速度或两极板之间的距离,小球的摆动速度会如何变化?

答:加快感应起电机的摇转速度或减小两极板之间的距离,发现小球摆动速度加快;若减慢感应起电机的摇转速度或增大两极板之间的距离,小球摆动速度减慢。

[9-16] 必修 3.1　自制静电除烟器(静电的利用与防范)

1. 问题思考

静电在生活中被广泛利用,如静电除尘、静电复印、静电喷涂等。你能用静电来制作一个除烟装置吗?

我们可以利用身边的器材和感应起电机,自制一个静电除烟装置。

2. 搜集证据

（1）实验器材

两根铜丝,手摇式感应起电机,盘式蚊香(或其他能产生烟的物体),矿泉水瓶,两根导线,打火机。

（2）实验过程

① 将一根铜丝穿过瓶塞,另一根绕在矿泉水瓶上。

② 用导线把起电机两极分别与两根铜丝相连。

③ 点燃的蚊香,一端放入瓶中,只见一股浓浓的烟雾由瓶内向上通过瓶口向外冒出。

④ 把穿有铜丝的瓶塞塞入瓶口,摇动起电机,观察瓶内的烟雾变化。

3. 结果解释

摇动手摇式感应起电机过程中,烟雾颗粒向瓶壁处移动,蚊香烟雾很快消失。

摇动手摇式感应起电机,与起电机两极相连的两根铜丝带异种电荷,矿泉水瓶内就存在电场,烟雾颗粒在电场中受电场力作用,向瓶壁一侧移动,从而使瓶内的烟雾消失。

4. 讨论交流

如何提升实验中的除烟效果?

答:在矿泉水瓶上多绕几圈铜丝,瓶塞上插入瓶内部分的铜丝尽量长一点,但铜丝不能与瓶底接触。

5. 延伸拓展

生活中还有哪些静电利用的实例? 请你分析一下它的工作原理。

[9-17] 必修 3.2　装点夜晚的小彩灯(电功、功率)

1. 问题思考

我们希望美丽的彩灯伴随着每一个夜晚,但你是否担心持续发光的彩灯会消耗大量的电能? 你知道夜晚闪烁的小彩灯的耗电情况吗? 让我们通过小实验,探究一下小彩灯的能耗。

2. 搜集证据

（1）实验器材

白炽彩灯串和 LED 彩灯串,家用电源,电池。

（2）实验过程

① 将一串功率为 35 W 白炽彩灯接入 220 V 家用电源。

② 将一串功率为 5 W 的 LED 彩灯接入三节干电池组成的电源。

③ 同时闭合两串彩灯的开关,比较两串彩灯的亮暗,如图 9-33 所示。

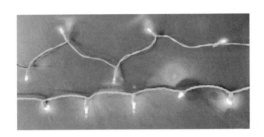

图 9-33

3. 结果解释

功率为 5 W 的 LED 彩灯串与功率为 35 W 的白炽彩灯串亮度基本相当。可见 LED 彩灯串更省电。

4. 讨论交流

根据国家节能战略,2016 年前普通白炽灯应被淘汰。假设璀璨的夜晚,装饰使用的 35 W 的白炽彩灯串,均被 5 W 的 LED 彩灯串替代,估算 10 000 个正常工作的 LED 灯相较于白炽灯一小时能节省多少度电?

答:节省电能为 $\Delta E = (35-5) \times 10^{-3}$ kW $\times 1$ h $\times 10\,000 = 300$ kW · h。

5. 延伸拓展

与白炽灯相比,节能灯还有着哪些优点?

[9-18] 必修 3.4　热力小风车（内能与机械能的转化）

1. 问题思考

"大风车吱呀吱哟哟地转,这里的风景呀真好看……"相信纸风车这个玩具对于大家来说都不陌生吧! 手持纸风车迎风跑动,在风力的作用下纸风车就能快速转动起来,如果风叶涂上不同的颜色,转起来就更好看了。

那么,你有没有尝试过用点燃的蜡烛来驱动小风车转动呢? 难不成蜡烛能形成一阵阵的风,让小风车持续地转动吗?

2.搜集证据

（1）实验器材

一片易拉罐铝片，一把剪刀，一枚大头针，一枚小铁钉，一把镊子，一块小磁铁，一根蜡烛，一个打火机。

（2）实验过程

① 将易拉罐铝片剪成圆形，并等分成8份，划线。在划线处沿直径剪开到离圆心约0.5 cm的距离，将叶片折成小风车形状，折的时候注意安全，不要被划伤！用小铁钉在圆心处钻一个小孔，穿入一枚大头针，如图9-34所示。

图 9-34

② 连接装置：用镊子夹住磁性较强的磁铁，下面吸引住大头针针尖，使串在大头针上的小风车自然悬在磁铁的下方，一个简单的热力小风车制作完成。

③ 将点燃的蜡烛放置在小风车的正下方，小风车就能不停地转动起来。

3.结果解释

实验中可以观察到，点燃蜡烛后小风车的确可以持续地转动起来。

这是因为空气被加热后密度变小向上运动，形成空气对流，热空气上升带动风车转动起来。

4.讨论交流

（1）分析热力小风车转动过程中所涉及的能量变化。

答：蜡烛燃烧将化学能转化为内能，内能在耗散到周围空气过程中形成气流，即一部分内能转化为机械能。气流通过风叶带动小风车的运转，相当于空气的一部分动能又转移到小风车上。

（2）此方案的热力小风车需要手持镊子夹住磁铁，实现串在大头针上风叶的转动，装置不稳定且费力。你有改进的方案吗？

答：可以考虑将条形磁铁放在烧杯上方，一端移出一些，下面吸引住大头针针尖，使串在大头针上的小风车自然悬在磁铁的下方，避免人手持镊子的麻烦。另外，下方点燃两根蜡烛可以使热力小风车更快转动起来，如图9-35所示。当然方法还有很多，大家开动脑筋自己想想吧！

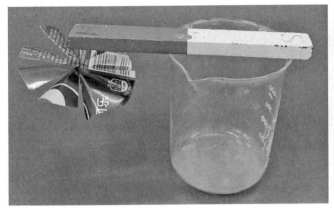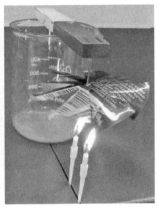

图 9-35

5. 延伸拓展

走马灯是一种传统节日玩具,属于灯笼的一种,常常在元宵、中秋等节日中出现。如图 9-36 所示,在灯内点上蜡烛,烛焰产生的热量使空气发生对流,风叶带动轮轴转动,能量互相转化。轮轴上有剪纸,烛光将剪纸的影投射在屏上,随着轮轴转动,图案便不断转动。因常在灯的各个面上绘制古代武将骑马的图案,当灯转动时看起来像几个人你追我赶一样,故此称为走马灯。想一想,如何把热力小风车改装成一盏漂亮的走马灯呢?

图 9-36

[9-19] 必修 3.4　温差发电(内能、能量转化)

1. 问题思考

地球表面约 71% 是海洋,海洋蕴藏着几乎取之不竭的能量,潮汐、波浪、洋流、海风能够发电,海洋表层温度高、深层温度低,利用其温差同样能发电。早在 100 多年前就有科学家提出了这个构想,你有没有听说过利用两物体间的温度差产生电能呢?

让我们也来试试用温差发电吧!

2. 搜集证据

(1) 实验器材

温差发电片,散热片,导热贴,热水盒,底座,支架,LED 灯,小风扇等,如图 9-37 所示。

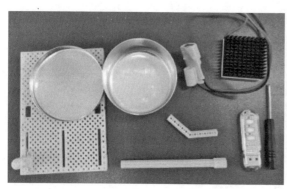

图 9 - 37

（2）实验过程

实验一：温差发电供 LED 灯发光实验

① 把一个底座固定在底盘的角上，弯杆和直杆接在一起备用，如图 9 - 38 所示。

② 把温差发电片有字的一面和散热片粘到一起（用导热贴即可），如图 9 - 39 所示。

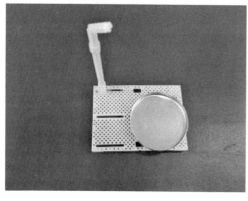

图 9 - 38   图 9 - 39

③ 把另一个底座和升压板接在一起备用。

④ 把热水盒的盖子用双面胶粘在底盘上备用，如图 9 - 40 所示。

⑤ 把温差发电片套件放在盖子里，开始加冷水，温差发电片上也要滴上几滴水，导热快，如图 9 - 41 所示。

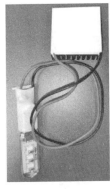 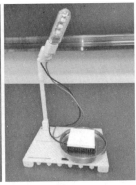

图 9-40

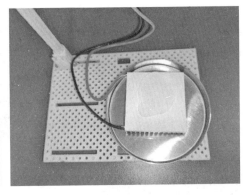

图 9-41

⑥ 把 USB 灯/升压板/灯杆接在一起即可开始实验。在热水盒中倒入开水,即可观察到 LED 灯亮起,如图 9-42 所示。

实验二:温差发电供小风扇转动实验

① 把温差发电片带字的一面和散热片贴合备用(用导热贴即可)。

② 把小马达塞进马达座,把小马达、接线柱、双面胶分别固定在相应位置,风扇不要按太紧,以免阻力过大。

③ 安装好小风扇,把热水盒的盖子粘到底盘上。

④ 把温差发电片组件放到盖子上,加上冷水。注意温差发电片上面也要滴几滴水,增加热的传导效率。

图 9-42

⑤ 接好导线,把热水盒放在温差发电片上面即可开始实验,如图 9-43 所示。

⑥ 在热水盒中倒入开水,即可观察到风扇转动,如图 9-44 所示。

3. 结果解释

上述两个小实验都能清楚地观察到温差能够发电,实验一实现 LED 灯发光,实验二让小风扇转动。

在两种不同金属构成的回路中,由于两种金属接头处温度不同,该回路中就会产生一个温差电压,接入合适的用电器即可工作,这种现象称为塞贝克效应。小实验中用到的温差发电片就是利用了这种原理,它直接将内能转化为电能。

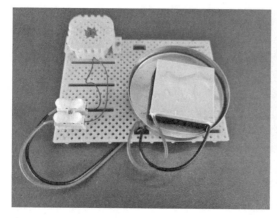
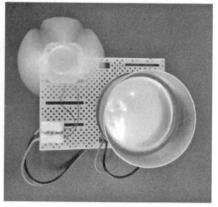

图 9-43　　　　　　　　　　　　　　　图 9-44

4. 讨论交流

（1）实验过程中能量是怎么转化的？实验不成功的常见原因有哪些？

答：利用温差发电片将内能转化为电能，用电器将电能转化为光能或机械能。LED灯发光、小风扇转动实验失败常见原因有导线接触不良、热水温度不够高、两次实验时间间隔太短、小风扇转动阻力过大等，应注意排查。

（2）某公司的科研人员研制出一种有充电功能的饮杯垫，该产品从外表看上去就是一个简单而普通的饮杯垫，但它可以连接手机的数据线，利用温差发电为手机充电。但此项目最终未推广开来，请评价该项目的优缺点。

答：充电饮杯垫利用饮料的温差发电，像茶、咖啡等热饮或者冰可乐、啤酒等冷饮都能给手机充电，的确是一个节能环保、很有创意的发明。但是该发明可能还有一些问题需要解决，如充电电流能否保持稳定，充电时间能否确保用户有一个良好的体验，成本与销售价格也会影响到产品的推广。

[9-20] 选择性必修1.1 "完美"的直角（斜碰过程中的动量守恒定律）

1. 问题思考

两球相碰，最先想到的运动项目就是台球了。台球简直就是体育运动项目中的物理课代表，每一次碰撞都可以看作是物理规律的实践大师。像"隔山打牛"那样在一条直线上的正碰撞毕竟是少数。台球中偏质心的斜碰撞实际上更为常见，无论撞击物还是被撞击物，在发生碰撞后仍会运动，它们有规律可循吗？

我们可以继续利用"隔山打牛"实验中用到的器材,完成两颗相同规格的小钢球斜碰撞实验。有没有可能两个台球继续运动的方向呈现出"完美"的直角呢?千万别眨眼,碰撞可就在一瞬间哦!

2. 搜集证据

（1）实验器材

两颗同样规格的小钢珠、一张台面尽可能光滑的桌子、手机、相关软件。

（2）实验过程

① 两本书书脊间隔合适的距离平行放置,构建一个凹槽。

② 先将一颗小钢珠 A 放置在凹槽一端附近,将另一颗小钢珠 B 放置在凹槽另一端的外部不远处,重心稍偏离凹槽所在直线。

③ 用手指沿凹槽快速推动小钢珠 A,撞击静止的小钢珠 B。

④ 观察碰撞现象,并用手机俯视拍摄两球碰撞全过程的视频。

⑤ 利用软件分析两球碰撞后的球心运动轨迹,并测量夹角,可多次实验后求夹角均值,如图 9-45 所示。

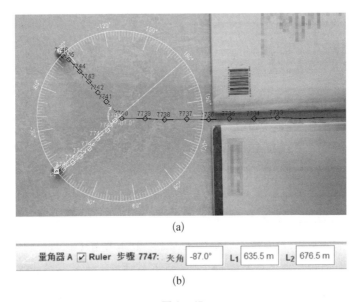

(a)

(b)

图 9-45

3. 结果解释

两颗规格相同的小钢珠发生完全弹性碰撞,若一颗小钢珠以某速度偏质心斜碰撞另一颗静止的小钢珠后,可观察到两颗小钢珠接下去的运动方向垂直,如图 9－46 所示。

图 9－46

由动量守恒可得　$m\vec{v}+0=m\vec{v_1}+m\vec{v_2}$　……①

由能量守恒可得　$\dfrac{1}{2}m\vec{v}^2+0=\dfrac{1}{2}m\vec{v_1}^2+\dfrac{1}{2}m\vec{v_2}^2$　……②

由①可得　$\vec{v}=\vec{v_1}+\vec{v_2}$,则 $\vec{v}^2=(\vec{v_1}+\vec{v_2})^2$,即 $\vec{v}^2=\vec{v_1}^2+2\vec{v_1}\cdot\vec{v_2}+\vec{v_2}^2$　……③

由②可得　$\vec{v}^2=\vec{v_1}^2+\vec{v_2}^2$　……④

联立③④得　$\vec{v_1}\cdot\vec{v_2}=0\Rightarrow\vec{v_1}\perp\vec{v_2}$

由此证明两球斜碰撞后速度方向垂直。

4. 讨论交流

(1) 生活中的碰撞现象有很多,你知道完全弹性碰撞与非完全弹性碰撞的联系和区别是什么吗?

答:两个物体碰撞产生形变,若形变能完全恢复称为完全弹性碰撞,若形变不能完全恢复则称为非完全弹性碰撞。两种碰撞前后的系统动量守恒,但系统机械能情况不同,完全弹性碰撞机械能守恒,而非完全弹性碰撞机械能会有损失。

(2) 把斜碰撞后两球运动方向之间的夹角称为分离角,如果用钢珠撞击原本静止的但质量不同的钢珠,分离角还是 90°吗?

答:经多次实验,用质量较小的钢珠撞击原本静止的质量较大的钢珠分离角大于 90°,用质量较大的钢珠撞击原本静止的质量较小的钢珠分离角小于 90°。由于质量不同的钢珠在同一水平面运动时,撞击点在两球球心的连线上,该点与两球球心都不在同一水平面上,理论推导分离角大小的数理要求水平较高,留给同学们细细研究。

5. 延伸拓展

通过"隔山打牛"和"完美的直角"实验,可以知道台球运动中击打母球的中心点,使母球和目标球正面碰撞时,母球把动能和动量全部传递给目标球。目标球沿着母球的方向继续前进,而母球停留在碰撞点不动。而击打母球的中心点,让母球与目标球斜向碰撞后,母球的继续前进方向与目标球的前进方向之间的分离角为90°。

如何击打母球可以在碰撞目标球之后,母球能继续前进或者后退、母球与目标球碰撞后分离角为小于或大于90°?理论与实践结合,可以使你的球技迅速提高一个段位。

[9-21] 选择性必修1.2　敲出浑厚的鼓声(机械波的干涉)

1. 问题思考

鼓是一种有着悠久历史的打击乐器,说到鼓,大家一般会联想到欢快的庆典节日。从古至今,鼓深受各族人民的喜爱。鼓的音调、响度、音色的特点是低音、深沉、浑厚。为什么敲击鼓面就能得到浑厚的鼓声呢?

下面大家找一面小军鼓来试一试如何敲出浑厚的鼓声。

2. 搜集证据

(1) 实验器材

小军鼓或拨浪鼓。

(2) 实验过程

① 用手轻轻击打鼓面,仔细聆听声音。

② 加大敲击鼓面的力度,再次聆听声音。

3. 结果解释

第一次听到的鼓声小,第二次听到的鼓声大,更浑厚。

当大力击打鼓面的时候,鼓面振动使里面的空气开始振动。鼓的设计使鼓的固有频率与鼓面振动频率相同,引起声音共振,因此声音响度大大增强。鼓的这种结构叫共鸣腔。很多乐器为了增强声音都需要共鸣腔,例如小提琴。人的口腔也是天然的共鸣腔。

4. 讨论交流

对于不同大小的鼓,用尽量相同的力敲几下,鼓声有什么不同?

答:大鼓响度大,因为大鼓鼓面宽,振幅大。小鼓音调高,因为小鼓鼓面窄,震动频率高,但振幅小,所以响度小。

5. 延伸拓展

为什么鼓面破了声音就不浑厚了?

[9-22] 选择性必修 1.2　会跳舞的水珠(干涉和共振)

1. 问题思考

鱼洗(图 9-47)是古代铜制的盥洗用具,盆底装饰有鱼纹的,称"鱼洗"。摩擦鱼洗的双耳,可以看到大量的水珠跳跃飞舞。

没有珍贵的鱼洗,你能否让小水珠也在水面上跳舞吗?

图 9-47

图 9-48

2. 搜集证据

(1) 实验器材

一根木棍,一个金属盆,水。

(2) 实验过程

① 用木棍有节奏地慢慢敲击盛有水的金属盆侧面,观察现象。

② 双手浸湿后,大拇指用力摩擦金属盆上边沿,观察水面的变化,如图 9-48 所示。

3. 结果解释

步骤①后,我们会看到水面上有波纹和跳起的少量水珠。步骤②后,我们还能看见更加明显的水珠喷溅和水波纹。

当用木棍敲击金属盆时,金属盆因为振动而发出声音。与此同时,金属盆的振动会带动其中的水振动。双手来回摩擦金属盆两侧时,形成金属盆的受迫振动,这种振动在水面上传播,并与盆壁反射回来的水波在水面上叠加形成二维驻波。振动加强处,运动到最大位置的水珠会离开水面,形成喷溅的水滴。

理论分析和实验都表明,这种二维驻波的波形与盆底大小、盆口的喇叭形状等边界条件有关。我国汉朝已有鱼洗,并把鱼嘴设计在水柱喷涌处,说明我国古代对振动与波动的知识已有相当程度的掌握。

4. 讨论交流

如何操作才能使水珠跳动更明显呢?

答:用刚浸湿的手摩擦金属盆两侧,并调整力度和速度,增大摩擦效果,才会使水珠跳动更明显。

[9-23] 选择性必修 1.2 隔空能让音叉振动吗(共振)

1. 问题思考

敲击一下音叉就可以使其振动并发出声音,那么你能否做到不碰到音叉,而又让它振动发声吗?

接下来我们就利用两个相同规格的音叉来试试隔空让音叉振动。

2. 搜集证据

(1) 实验器材

两个相同规格的音叉,铁架台,乒乓球,细线。

(2) 实验过程

① 把乒乓球用细线挂在铁架台上,乒乓球紧贴着左边的音叉,如图 9-49 所示。

图 9-49

② 敲击左边的音叉,观察乒乓球的运动情况,听音叉的声音。

③ 敲击右边的音叉,观察乒乓球的运动情况,听音叉的声音。

3. 结果解释

在步骤②中,音叉产生振动发声,乒乓球碰到振动的音叉会发生跳动。在步骤③中,敲击右边的音叉时,乒乓球也会发生跳动,并能听到左边音叉发出轻微的声音。

两个频率相同的音叉靠近,其中一个振动发声时,另一个也会振动发声;隔空使音叉振动利用了共振现象。共振是指物体在特定频率下,相比其他频率以最大的振幅做振动的情形;这些特定频率称为共振频率。共振在声学中亦称"共鸣"。

4.讨论交流

(1)歌唱家发出的声音能够震碎玻璃杯,这是什么现象?

答:这也是共振现象。歌唱家发出的声音频率恰好与玻璃杯的固有频率相同时,就会发生共振,玻璃杯振动幅度达到最大甚至超过了形变限度就碎裂了。

(2)不同规格的音叉隔空能让音叉振动吗?

答:可以,但效果不明显。音叉规格不同则固有频率不同,无法使其振动幅度最大,但还是会发生受迫振动。

[9-24] 选择性必修1.3　多彩肥皂膜(光的薄膜干涉)

1.问题思考

经常能在潮湿地面上观察到五彩斑斓的油墨;透明的肥皂泡飘荡在空中,在阳光的照射下变得五彩斑斓。这些现象都是光干涉的结果。

我们知道,光束透过平面镜可能会在平面镜另一侧形成一个等大的虚像,而不是条纹,那么肥皂膜的彩色条纹从何而来呢? 让我们一起来探究一下吧!

2.搜集证据

(1)实验器材

酒精灯,氯化钠,小勺子,打火机,金属圆环,烧杯,肥皂水,黑色幕布。

(2)实验过程

① 在酒精灯的灯芯上撒少许食盐,再用打火机点燃酒精灯,灯焰发出明亮的黄光。

② 将金属圆环在肥皂水中蘸一下,使圆环挂上一层肥皂薄膜。

③ 把酒精灯放在肥皂薄膜前,在酒精灯光下我们观察到,灯焰在薄膜上形成的像是一条条水平的明暗相间的黄色条纹。

④ 再将金属圆环在肥皂水中蘸一下,然后在自然光下观察薄膜上形成的像,薄膜上出现彩色的水平条纹(图9-50)。

⑤ 实验完成后,熄灭酒精灯,并整理实验器材。

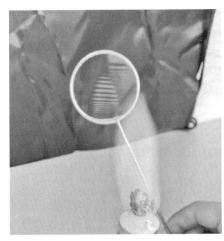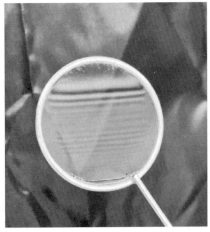

图 9-50

3. 结果解释

在自然光下,肥皂膜上形成的像是一组水平彩色条纹。

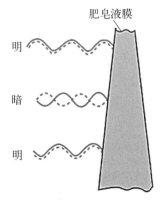

金属圈环上的薄膜在重力作用下上薄下厚,在同一水平线上厚度基本一致,如果某一厚度处前后表面反射的同一列光波叠加得到加强,那么这一水平线上同一厚度处光波也会加强,所以干涉条纹应是基本水平的,如图9-51所示。自然光中不同色光的波长不同,出现明纹和暗纹的位置不同,从而在薄膜表面互相交叠呈现出彩色条纹。

图 9-51

4. 讨论交流

(1) 在太空中可以观察到肥皂膜的干涉现象吗?为什么?

答:在太空中观察肥皂膜的干涉现象可能会受到一些限制。在太空中,肥皂膜的形成和稳定可能会受到影响。在地球上,肥皂膜的形成依赖重力和表面张力等因素,而在失去重力的太空环境中,肥皂膜的形成和维持可能会受到困扰。

(2) 工业上常常利用薄膜干涉的这一现象来检查镜面或其他精密光学平面的平整度。请你查阅资料,介绍一项薄膜干涉在技术上的应用。

答:一种常见的应用是通过利用薄膜干涉技术来检查光学镜面的平整度。通过在光学镜面上应用一个薄膜涂层,然后观察干涉条纹的形成情况,可以评估镜面的平整度和表面质量。镜面任何不平整、凸起或凹陷的地方都会导致干涉条纹的扰动,从而揭示出表面的缺陷。

[9-25] 选择性必修2.2 发光轮滑鞋轮子闪光原理(电磁感应定律)

1. 问题思考

闪光轮滑鞋是青少年喜爱的运动器械。与一般轮滑鞋不同,闪光滑轮内安装发电结构——"快速行驶闪光装置",无须电池即可有脚踏风火轮闪光效果。滑行速度变化,闪光效果同步变化。特别在黄昏或夜晚玩耍,显现出风火轮幻彩光芒,让玩者顿时足下生辉,其乐无穷,瞬间成为吸引众人眼球的焦点。那么闪光背后的原理是什么呢?

2. 搜集证据

(1) 实验器材

闪光滑轮(图9-52),相关拆解工具。

(2) 实验过程

实验一:观察闪光轮转动的现象

① 转动闪光轮,观察现象。

② 提高闪光轮转速,观察发光效果变化。

③ 拆掉闪光轮中间轴承及其中间黑色
内芯,转动滑轮,观察是否还能发光。

图9-52

实验二:现象探究——黑色内芯是何材料?

如图9-53所示,可以看到黑色内芯能够吸附大头针之类铁质物质,说明是磁性材料。

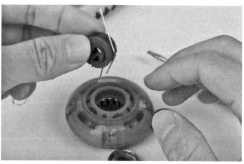

图9-53

3.结果解释

闪光轮,含有轮壳,在轮壳内装有轴承、黑色磁环、发光元件、线圈绕组,如图9-54所示。其原理是电磁感应定律,轮子转动起来,线圈切割轮子中间磁芯产生的磁感线,从而在回路中产生感应电流,导致发光二极管发光。所以,只要轮子不停转动,闪光轮就可以持续闪光。即:保持滑行状态下,轮滑速度越快,线圈绕组切割磁感线越快,线圈磁通量变化越快,产生的电动势越大,发光二极管越亮。

图 9 - 54

4.讨论交流

同学们可以尝试用去掉磁性黑色内芯的滑轮,和带有磁性内芯的闪光滑轮对比滑行。感受一下哪种滑轮更加省力。

答:磁性闪光轮的弊端就是闪光轮的转动更加迟缓费力,让你在滑动中消耗更多的体力。因为闪光轮的原理就是一个简单小发电机。根据功能转换原理,发电要消耗一定的机械能,所以闪光轮滑起来要比普通轮子阻力大一些。卸下磁环的轮子,转动起来明显要轻松,时间要长一些。

[9-26] 选择性必修 2.2 自制电磁小火车(电动机)

1.问题思考

随着科技的发展,中国已经建成了世界最大规模的高速铁路网络,使国人的出行变得更加快捷。在生活中,我们经常看到商场里小朋友们玩的小火车可以一直在轨道上转动,不断吸引着人们的目光。那你们听说过最简单的"电磁小火车"吗?

接下来我们一起制作一个"世界上最简单的小火车"吧!

2.搜集证据

(1)实验器材

一只用铜线缠成的螺线管,一节5号电池(或7号,注意所选电池直径不超过铜线管的直径),四个钕磁铁。

(2)实验过程

① 将四个钕磁铁分别两两组合吸附在一起,然后将两组磁铁沿相同的磁极方向吸

附于电池两端。吸附过程中将磁铁从两端同时吸附,以保证两组磁铁同极相对,如图9-55所示。

②将吸附磁铁的电池从铜线管一端放入,则会发现其在铜线管中快速穿梭,从另一端"驶出",如图9-56所示。

  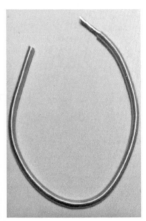

图9-55 　　　　　　　　　　　图9-56

3. 结果解释

当吸附磁铁的电池完全放入线圈后,电池通过磁铁和铜线管形成闭合回路,电流从正极流向负极,线圈中会产生一个与磁铁原磁场相反的磁场。两个磁场相互作用,从而使电池和磁铁组成的"电磁小火车"在铜线圈中行驶。

4. 讨论交流

如果将电磁小火车的两极反转或者将外部铜线圈的绕向改变,是否会影响电磁小火车的行驶方向呢?

答:当调换火车车头时,电流的方向会发生改变,从而产生与之前相反的磁场,使火车改变行驶方向;当只改变外部铜线管的绕制方向时,相当于改变了环形电流的方向,从而产生与之前相反的磁场,也会使火车调转行驶方向。

[9-27] 选择性必修 3.1 瘪了的乒乓球鼓起来(气体的状态)

1. 问题思考

乒乓球堪称是我国的国球,很多同学也都比较喜欢打乒乓球,但是一不小心就会导致乒乓球瘪掉(但没有破裂)。想要让瘪了的乒乓球复原,有什么好的方法吗?

很多有经验的同学都知道,可以利用加热的方法帮助瘪了的乒乓球复原。

2. 搜集证据

(1) 实验器材

一个不漏气的瘪乒乓球,一个大杯子,一个装有热水的暖水瓶。

(2) 实验过程

① 把瘪了的乒乓球放入大杯子中。

② 把热水倒进大杯子里,热水大约占水杯的三分之二。

③ 观察乒乓球的形状变化。

3. 结果解释

瘪了的乒乓球放在热水中一会就鼓了起来。

乒乓球本身是封闭的,如果没有出现破裂的情况,将乒乓球放在热水中时,乒乓球中的空气被加热,气体分子运动速率增加,压强增大,从而使得球内空气的体积增大,乒乓球恢复原状。

4. 讨论交流

如果瘪了的乒乓球破了一个洞,放在热水中还能使其恢复原状吗?

答:破洞的瘪乒乓球无法通过加热复原。因为加热后球内气体会漏出,内部气压不会增大,始终等于大气压,所以无法恢复原状。

5. 延伸拓展

还有哪些方法可以让瘪了的乒乓球恢复原状呢?

[9-28] 选择性必修 3.1　会吃鸡蛋的瓶子(气体的等容变化)

1. 问题思考

2021 年 7 月 4 日,我国神舟十二号飞船 3 名航天员协同配合,进行中国空间站首次出舱活动。两位航天员穿着我国自主研发的新一代"飞天"舱外航天服,先后从核心舱成功出舱,并完成了在太空机械臂上安装脚限位器和舱外工作台等任务。但因为太空几乎为真空,假如航天服有些向外膨胀,航天员很难从密封舱的接口处钻回舱内,请想一想应用什么方法可以帮助航天员安全回到密封舱内?

下面我们可以通过将一个剥了壳的熟鸡蛋完整地放进一个口径略小的瓶中,来想想是否有方法可以帮助航天员安全返回舱内。

2. 搜集证据

（1）实验器材

一个剥了壳的熟鸡蛋,一个细瓶口(瓶口应该要比鸡蛋略小),两个水盆,热水和凉水。

（2）实验过程

① 在一个盆中倒入热水,一个盆中倒入冷水。

② 将细口瓶放入热水中预热 10～20 秒,保持瓶口在水面以上。

③ 取出细口瓶,并将鸡蛋放入瓶口处。

④ 再将细口瓶放入冷水中,保持瓶口在水面以上。

⑤ 一段时间后,观察鸡蛋的运动情况。

3. 结果解释

一段时间后,鸡蛋慢慢地被瓶子吸进去,掉进瓶子里了。

由查理定律可知,一定质量的气体,在体积不变时压强与温度成正比。当瓶内气体温度降低时,瓶内压强也会减小。而这时外界大气压强大于瓶内压强,于是熟鸡蛋被压进瓶内。当然,这与熟鸡蛋有弹性、便于挤压也有关系。如果是一块石头,瓶内外这点压强差,它承受起来"脸不变色心不跳",也就看不到任何效应了。

4. 讨论交流

如何把刚才的鸡蛋再从瓶子里取出来呢?

答:同样道理,我们可以增大瓶内的压强。让鸡蛋堵在瓶口,再将细口瓶放入热水中,保持瓶口在水面以上,一段时间后,鸡蛋慢慢地被挤压出瓶子。

5. 延伸拓展

查阅资料,了解我国自主研制的"飞天"航天服是如何帮助航天员从太空返回舱内的。

[9-29] 选择性必修 3.2　模拟"地震"监测仪(电磁感应定律的应用)

1. 问题思考

地震是一种自然现象,是在地壳快速释放能量的过程中造成的振动,由此产生的地震波传到地面会造成一定危害。那么,能否提前预知地震的发生呢? 地震分为横波和纵波,两者的传播速度不一样,纵波快,横波慢。杀伤力较小的纵波先到地面,之后横波到达地面,通常两者有一个几秒的时间差。因此,只要能有效检测到纵波带来的振动,就能提前预告地震灾害。

　　能否利用电磁感应知识,利用线圈制作一个模拟"地震"监测仪?

2. 搜集证据

(1) 实验器材

一个圆柱体铷磁铁(圆柱体直径小于 PVC 管内径),漆包线若干,一段 4 分粗细(内径 20 mm)的 PVC 管,四根灵敏弹簧,两张 CD 光碟,一个灵敏电流计。

(2) 实验过程

① 器材加工。

(a) 将四根弹簧、铷磁铁分别用热熔胶固定于光碟 A 上,如图 9 - 57 所示。

(b) PVC 管绕漆包线多匝,最后透明胶带外层固定,如图 9 - 58 所示。

图 9 - 57

图 9 - 58

(c) 缠有线圈的 PVC 管用热熔胶固定于光碟 B 上,如图 9 - 59 所示。

图 9 - 59

图 9 - 60

(d) 光碟 A 和光碟 B 用热熔胶组合一起(图 9 - 60),完成监测仪制作(图 9 - 61)。

图 9-61

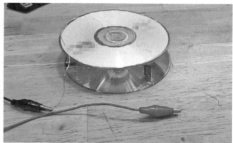
图 9-62

② 观察"地震纵波"。

（a）将光碟 B 漆包线连接灵敏电流计或微电流传感器，如图 9-62 所示。

（b）拍打光碟表面，或者拍打桌面（模仿地震产生地震波），观察灵敏电流计指针有无变化。

③ 探究振动强度和电流计指针摆动幅度关系。

分别用不同大小的力让光碟表面振动，观察模拟不同"地震波"所产生的电信号强度。

3. 结果解释

当光碟放置界面发生振动时，弹簧带动钕磁铁、线圈振动，线圈内磁场发生变化，线圈产生感应电流，电流计发生偏转。

振动越强，弹簧振动频率、幅度变大，线圈产生感应电流越强，电流计指针偏转越大。

4. 讨论交流

（1）水平放置的光碟上下振动时模拟的是地震纵波还是横波？

答：根据横波、纵波概念可知，模拟的是纵波。

（2）如何解释振动越强，电流计偏转越大？

答：根据法拉第电磁感应定律可知，感应电动势与磁通量的变化率成正比，感应电动势越大，同一回路中产生的感应电流越大。

（3）如何提高振动监测仪灵敏度？

答：可利用灵敏度更好的弹簧设计实验，利用微电流发光 LED 设计实验。

参考文献

1. 中华人民共和国教育部.普通高中物理课程标准(2017年版2020年修订)[S].北京：人民教育出版社,2020.

2. 万科举.高中物理科学探究教学的现状及其对策[J].都市家教（上半月）,2022(11)：10-12.

3. 方红霞.高中物理科学探究教学的现状及其对策[J].教学与管理,2015(11)：72-74.

4. 陈静静.学习共同体：走向深度学习[M].上海：华东师范大学出版社,2020.

5. National Research Council. National Science Education Standards[S]. Washington, D. C.：National Academy Press，1996.

6. National Research Council. A Framework for K-12 Science Education：Practices, Crosscutting Concepts, and Core Ideas[M]. Washington, D. C.：The National Academies Press，2012.

7. 唐小为,丁邦平."科学探究"缘何变身"科学实践"？——解读美国科学教育框架理念的首位关键词之变[J].教育研究,2012(11)：141-145.

8. 何玲,黎加厚.促进学生深度学习[J].计算机教与学,2005(5)：29-30.

9. 刘月霞,郭华.深度学习：走向核心素养(理论普及读本)[M].北京：教育科学出版社,2018.

10. 付亦宁.本科生深层学习过程及其教学策略研究[D].苏州：苏州大学,2014.

11. 吴秀娟,张浩,倪厂清.基于反思的深度学习：内涵与过程[J].电化教育研究,2014(12)：23-28.

12. 钟启泉.深度学习[M].上海：华东师范大学出版社,2021.

自主实验索引

后 记

观察实验和理性思维是物理学的本原。观察和实验作为物理学科发展的基础,也是培育学科核心素养的源头活水。如何突破实验教学的困境,一直是我们思考和研究的问题。一个奇妙的实验可以让学生豁然开朗、终生难忘,一个精心设计的实验能展现科学的无穷魅力。因此,开展有效的实验教学是培育物理学科核心素养的必经之路。

在陆伯鸿先生的鼓励下,物理实验研究自 2018 年年底启动。从初期 7 人兴趣小组对实验的研习,逐渐发展到"上海市新时代加强与改进高中物理实验教学"的项目研究;从最初的细推物理小实验,进一步成为上海市教育科学研究项目"新课标下促进深度学习的物理实验教学行动研究"(项目批号:C2021364)的研究成果之一,历经四年多时间。

本书提供了实验教学的创新实践、相关实验的设计方法及案例选编,供广大教师参考。根据所起作用,自主实验可分为"主动初探""对话建构""迁移生成"三类,分别对应本书的第七、八、九章。其中的实验选编来自研究团队的各位老师,是大家智慧的结晶。老师们花了大量的时间、精力,甚至自费购买实验器材,设计或改进实验方案,并在实践中进行检验。

最初的文本,分别由黄春芬、宋佩红、张慧、赵娣霞、熊安丽、顾佩美老师负责撰写。后续由于研究团队的扩大和研究的深入,又重新分工撰写。奉贤中学徐瑞老师提供了编号 7-1、7-7、7-16、7-17、8-5、8-12、8-19、8-20、9-8、9-11、9-24 实验方案和第八章案例 2;奉城高级中学董凌军老师提供了编号 7-6、7-12、8-3、8-8、8-9、8-13、9-1、9-18、9-19、9-20 和 9-27 实验方案;景秀高级中学赵娣霞老师提供了编号 7-10、7-21、7-22、7-23、8-4、8-24、9-4、9-6、9-14 和 9-28 实验方案;奉贤中学张慧老师提供了编号 7-8、7-9、7-11、7-20、8-1、8-2、8-21、8-23、9-5 和 9-17 实验方案;东华大学附属奉贤致远中学於军老师提供了编号 7-15、8-15、8-16、8-17、8-18、9-21 和 9-23 实验方案;奉贤中学顾佩美老师提供了编号 7-5、8-6、8-22、9-2、9-3、9-9、9-16 和 9-26 实验方案;景秀高级中学宋佩红老师提供了编号 7-2、7-24、7-25、8-25、9-10、9-15 实验方案、第七章案例和第八章案例 1;东华大学附属奉贤致远中学宋士平老师提供了编号 7-13、

7-14、8-7、8-14 和 9-22 实验方案；奉贤中学潘志强老师提供了编号 7-3、8-10、8-11、9-13实验方案和第九章案例 2、案例 3；上海师范大学第四附属中学刘敏老师提供了编号 7-18、7-19、9-7 实验方案和第九章案例 1；曙光中学张亮老师和许花老师提供了编号 9-25 和 9-29 实验方案；上海师范大学第四附属中学黄春芬老师提供了编号 7-4 和 9-12 实验方案。

　　感谢为此书提供实验方案的老师们，感谢陆伯鸿先生的鼓励和指导，感谢林春辉特级教师工作室的支持，感谢李祥老师的编辑和建议，感谢所有为此书献计献策的老师们！

　　由于时间、水平有限，本书如有不妥之处，敬请批评指正。

周世平　黄瑞花

2023 年 9 月 1 日